आधुनिक जीवन जीने की कला

अपनी सोच को मॉडर्न बनाएँ

रोमी सूद 'उपमाश्री'

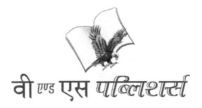

वी एण्ड एस पब्लिशर्स

प्रकाशक

वी एण्ड एस पब्लिशर्स

F-2/16, अंसारी रोड, दरियागंज, नयी दिल्ली-110002

☎ 23240026, 23240027 • फैक्स: 011-23240028

E-mail: info@vspublishers.com • *Website:* www.vspublishers.com

शाखाः हैदराबाद

5-1-707/1, ब्रिज भवन (सेन्ट्रल बैंक ऑफ इण्डिया लेन के पास)

बैंक स्ट्रीट, कोटी, हैदराबाद-500 095

☎ 040-24737290

E-mail: vspublishershyd@gmail.com

शाखा : मुम्बई

जयवंत इंडस्ट्रिअल इस्टेट, 2nd फ्लोर - 222,

तारदेव रोड अपोजिट सोबो सेन्ट्रल मॉल, मुम्बई - 400 034

☎ 022-23510736

E-mail: vspublishersmum@gmail.com

फ़ॉलो करें:

हमारी सभी पुस्तकें **www.vspublishers.com** पर उपलब्ध हैं

मुद्रक: रेप्रो नॉलेजकास्ट लिमीटेड, ठाणे

प्रकाशकीय

'वी एण्ड एस पब्लिशर्स' पिछले अनेक वर्षों से जनहित एवं आत्मविकास की पुस्तकें प्रकाशित करते आ रहे हैं। पुस्तक प्रकाशन की अगली कड़ी में हमने 'आधुनिक जीवन जीने की कला' प्रकाशित किया है।

प्रस्तुत पुस्तक में आधुनिक जीवन को अपनाने में आई बाधाओं को दूर कर साकारात्मक जीवन जीने की अनुशंसा की गई है। आज आधुनिक होना वर्तमान समय की जरूरत बन गई है। जो व्यक्ति आधुनिकता की इस दौड़ में पिछड़ जाएगा, वह समाज में अपना स्थान नहीं बना सकेगा।

समाज में एक वर्ग ऐसा भी है, जो 'ओल्ड इज गोल्ड' का नारा लगाते हुए पुराने जीवन-मूल्यों को खोना नहीं चाहता। इस वर्ग को पूरी तरह गलत नहीं ठहराया जा सकता लेकिन यह भी जरूरी नहीं है कि सभी पुराने विचार आज के आधुनिक जीवन में 'गोल्ड' साबित हो। हां, इस ओल्ड को पूरी तरह नजरअंदाज न कर पालिश करके 'गोल्ड' की तरह चमकाया जरूर जा सकता है।

इस पुस्तक को अधिक व्यावहारिक तथा प्रायोगिक बनाने के लिए प्रत्येक अध्याय के अंत में अभ्यास दिए गए हैं, जिनमें आपको कोई प्रतिज्ञा या निश्चय ठानना होगा, तभी इस पुस्तक को पढ़ना और इसमें लिखी बातों पर अमल करना सार्थक हो सकता है। हमेशा की तरह इस पुस्तक की भाषा सहज व सरल है।

हमें विश्वास है कि यह पुस्तक आपको आधुनिक बनने में अवश्य मदद करेगी। पुस्तक में पायी गई किसी त्रुटि या सुझाव हेतु आपके पत्र सादर आमंत्रित हैं।

विषय-सूची

सबसे पहले स्वयं को जांचें

सही मायने में तो 'बेहतर जीवन' जीने के तौर-तरीकों को ही आधुनिक जीवन शैली कहा जाएगा। इसके नकारात्मक पक्ष की चकाचौंध की तरफ दौड़ते हुए लोगों को केवल मृग-मरीचिका ही मिलती है और भटकाव के अतिरिक्त कुछ हाथ नहीं लगता। पश्चिमी ढंग का 'मुक्त जीवन' भारतीय परिवेश में कभी भी उपयोगी नहीं हो सकता। अपनी सांस्कृतिक पहचान को बनाए रखना अवश्यंभावी है। गर्व करने के लिए हमें अपनी सभ्यता चाहिए। पश्चिम से आयात की हुई सभ्यता ओढ़ेंगे, तो केवल शर्मिंदगी ही आपके हाथ लगेगी।

आप सचमुच आधुनिक बनना चाहते हैं, तो आइए, एक बार इस पुस्तक को पढ़ने से पहले जांच टेस्ट से अपने को परखें, खुद अपनी जांच करें कि 'सच्ची एवं सार्थक आधुनिकता' का कितने प्रतिशत अंश आप में है। उसमें जितनी भी कमियां, कमजोरियां हों, उन्हें आप पुस्तक में बताए गए व्यावहारिक उपायों द्वारा सुधारें।

अंत में पुस्तक को पढ़कर और इसमें बताए तरीकों पर अमल करके आपने अपने को कितना सुधार लिया है, एक बार फिर प्रारंभ में दिए गए जांच टेस्ट से गुज़र जाएं। आपको इससे पता चल जाएगा कि आप कितने बदल गए हैं।

आगे 5 वर्गों के लिए विभिन्न प्रश्नोत्तरियां तैयार की गई हैं। आप जिस वर्ग से संबंधित हैं, उसी के प्रश्नों का उत्तर देकर अपनी जांच स्वयं करें। ये वर्ग हैं–
1. पुरुष, 2. महिलाएं, 3. युवक एवं युवतियां, 4. प्रौढ़ एवं वृद्ध, 5. अभिभावक।

तो आइए, अपने आपको परखते हैं, आगे दी गई कसौटियों पर–

वर्ग : 1

पुरुष

हम जिस समाज में रहते हैं, वह पुरुष प्रधान है, लेकिन जैसे-जैसे जीवन शैली में बदलाव आ रहा है, व्यक्ति की सोच में भी परिवर्तन आने लगा है, जोकि स्वाभाविक और जरूरी भी है। ऐसे में आप आधुनिक जीवन शैली के अनुसार स्वयं को कहां तक बदल पाए हैं, आइए, जानें इस प्रश्नोत्तरी के माध्यम से।

मूल्यांकन विधिः *यहां कुल 10 प्रश्न पूछे गए हैं। प्रत्येक उत्तर में तीन विकल्प हैं– क, ख और ग। आपको तीनों में से एक का चुनाव करना है। उत्तर 'क' का चुनाव करने पर स्वयं को 3 अंक दें। उत्तर 'ख' के लिए 2 और 'ग' के लिए 1 अंक निर्धारित किए गए हैं। सभी प्रश्नों में प्राप्तांकों को दिए हुए कोष्ठकों में पेंसिल से लिखते जाएं और अंत में जोड़ लें।*

यदि कुल प्राप्त अंक 12 से अधिक हैं, तो आप आधुनिकता की परिभाषा पर पूर्णतः खरे उतरते हैं। आपका पारिवारिक और सामाजिक जीवन दूसरों के लिए आदर्श बन सकता है। यदि प्राप्तांक 7 और 12 के बीच हैं, तो आप कभी-कभी दूसरों के पीछे लगकर दिखावा करने लगते हैं। आपको स्वयं में सुधार लाना है, लेकिन यदि आपने इस प्रश्नोत्तरी में 7 से कम अंक प्राप्त किए हैं, तो मान लें कि आप दिग्भ्रमित हैं। सही मार्ग के चुनाव के लिए आपको मार्गदर्शन की आवश्यकता है। संभव हो, तो पूरी पुस्तक दोबारा पढ़ें।

प्रश्नोत्तरी

प्र. 1. आपकी पत्नी और आप दोनों नौकरी करते हैं। क्या आप घरेलू कार्यों में पत्नी की मदद करते हैं?

क. हमेशा करता हूं। ☐

ख. कभी-कभी। ☐

ग. कभी नहीं। ☐

प्र. 2. क्या आप अपनी पत्नी के पुरुष मित्रों से मिलते हैं?

क. खुशी से। ☐

ख. मन में ईर्ष्या रहती है, परंतु प्रत्यक्ष रूप में मुस्कराते हुए। ☐

ग. मित्रों को देखते ही क्रोध आ जाता है। ☐

प्र. 3. यदि आप पति-पत्नी की पहले तलाक के बाद दूसरी शादी है, तो आप–

क. अतीत को कभी याद नहीं करते। ☐

ख. अकसर पहली पत्नी से वर्तमान पत्नी की तुलना करने लगते हैं। ☐

ग. पत्नी की ग़लती पर पहली शादी की असफलता की चर्चा करते हैं। ☐

प्र. 4. आपकी पत्नी संतान को जन्म देने में असमर्थ है, इसलिए आप–

क. किसी अनाथ बच्चे को गोद ले लेंगे। ☐

ख. दूसरी शादी के समर्थक नहीं हैं, किंतु इसके लिए पत्नी पर अकसर तानाकशी करते हैं। ☐

ग. दूसरी शादी कर लेंगे। ☐

प्र. 5. पत्नी की नौकरी में तरक्की होने पर–

क. हार्दिक प्रसन्नता होगी। ☐

ख. ईर्ष्या-भाव जागेगा। ☐

ग. पत्नी के चरित्र पर शक होगा। ☐

प्र. 6. आपकी महिला सहकर्मी पुरुष सहकर्मियों से खुलकर हंसती-बोलती है, तो आपकी प्रतिक्रिया–

क. सीमा में रहकर हंसना बोलना ग़लत नहीं, इसलिए आप भी हंसी-मजाक का वातावरण बनाने का ही प्रयास करेंगे। ☐

ख. आपको स्त्रियों का पुरुषों से हंसना-बोलना पसंद नहीं, इसलिए आप प्रत्यक्ष रूप में उस महिला को अपने विचारों से अवगत करवाते हुए ऐसा व्यवहार न करने की सलाह देंगे। ☐

ग. प्रत्यक्ष रूप में उस महिला के हंसी-मजाक में साथ देंगे, लेकिन बाद में उसकी आलोचना करेंगे। ☐

प्र. 7. आप अपनी पत्नी के साथ घरेलू कार्यों में सहयोग देकर–

क. मानते हैं कि सहयोग करना आपका कर्तव्य है। ☐

ख. स्वयं को बहुत बड़ा मानने लगते हैं। ☐

ग. उस पर अकसर एहसान जताते हैं। ☐

प्र. 8. आपके मित्र आपके घर आते हैं, तो–

क. पत्नी से उनका परिचय करवाते हैं। ☐

ख. पत्नी को उनके सामने नहीं आने देते। ☐

ग. पत्नी बात करे, तो शंका करते हैं। ☐

प्र. 9. आपकी पत्नी घरेलू है, लेकिन पढ़ने की शौकीन है, तो–

क. उसे नजदीकी पुस्तकालय की सदस्या बनवा दिया है। ☐

ख. आप स्वयं उसके लिए कभी-कभी पुस्तकें खरीद कर लाते हैं। ☐

ग. आप चाहते हैं कि पत्नी सारा समय घर और बच्चों को दे। ☐
किताबों में समय बर्बाद न करे।

प्र. 10. आपकी पढ़ी-लिखी पत्नी घर के कामों में अनाड़ी है, आपका मानना है–

क. कोई बात नहीं, आजकल पढ़ाई-लिखाई में लड़कियों को इतना ☐
समय देना पड़ता है कि घरेलू कार्य सीखने का समय ही नहीं
मिलता। धीरे-धीरे सब सीख जाएगी।

ख. दोष पत्नी की मां का है, जिसने उसे घरेलू कार्य नहीं सिखाए। ☐

ग. हमेशा अपनी किस्मत को कोसते रहते हैं कि ऐसी पत्नी मिली। ☐

वर्ग : 2

महिलाएं

आधुनिक युग में महिलाओं को दो श्रेणियों में रख सकते हैं : घरेलू महिलाएं और कामकाजी महिलाएं। अकसर लोग कामकाजी महिलाओं को आधुनिक मान लेते हैं, जबकि सच्चाई यह है कि कई महिलाएं कामकाजी होकर भी आधुनिक नहीं होतीं और कई घरेलू महिलाओं के व्यवहार में भी आधुनिकता झलकती है। इसलिए हमने यहां घरेलू और कामकाजी दोनों वर्गों की महिलाओं के लिए प्रश्नोत्तरी तैयार की है। जांचिए कि आप कितनी आधुनिक हैं!

मूल्यांकन विधिः *दोनों तरह की प्रश्नोत्तरियों में प्रत्येक प्रश्न के दो विकल्प 'क' और 'ख' दिए गए हैं। उत्तर 'क' के लिए 0 अंक और उत्तर 'ख' के लिए 1 अंक निर्धारित है। यदि आप 10 अंकों में से 7 से अधिक अंक प्राप्त करती हैं, तो आप अपनी गिनती आधुनिक महिलाओं में कर सकती हैं। यदि आप 5 से 7 अंक प्राप्त करती हैं, तो थोड़े प्रयास और करने पर आधुनिक महिलाओं की श्रेणी में स्थान प्राप्त कर सकती हैं। यदि आप 5 से कम अंक प्राप्त करें, तो आधुनिकता की दौड़ में काफी पिछड़ी हुई हैं। अतः आपको आधुनिक बनने के लिए काफी मेहनत की जरूरत है।*

घरेलू महिलाएं

प्रश्नोत्तरी

प्र. 1. आप खाना बनाती हैं–

क. स्वादिष्ट भोजन बनाना आपका शौक है। ☐

ख. भोजन की न्यूट्रीशियन वैल्यू ध्यान में रखकर स्वादिष्ट भोजन बनाती हैं। ☐

प्र. 2. देश की राजनीति के विषय में आपका कोई विचार है–

क. क्या लेना है राजनीति से, घर के कामों से ही फुर्सत नहीं मिलती। ☐

ख. राजनीति के प्रति आप पूर्ण सजग हैं। ☐

प्र. 3. आधुनिक फैशन के विषय में आपके विचार—

क. भड़कीली पोशाकें और तेज़ मेकअप पसंद है। ☐

ख. वातावरण के अनुसार पहनावे व मेकअप में विश्वास रखती हैं। ☐

प्र. 4. आप भाग लेती हैं—

क. केवल अपने घर से संबंधित कार्यों में। ☐

ख. सामाजिक कार्यों में भी। ☐

प्र. 5. आप अपने बच्चों की पढ़ाई पर ध्यान देती हैं—

क. मात्र ट्यूशन के लिए भेजने से मतलब रखती हैं। ☐

ख. बच्चों की पढ़ाई में व्यक्तिगत रुचि रखते हुए स्वयं ध्यान देती हैं। ☐

प्र. 6. आपके बिजली, पानी, टेलीफोन आदि के बिल जमा करवाते हैं—

क. आपके पति या बच्चे। ☐

ख. आप स्वयं। ☐

प्र. 7. सब्जी वाला आपको कम सब्जी तोल कर देता है, तो—

क. आप चुप्पी साधे रखती हैं। ☐

ख. आप इसका विरोध करती हैं और मोहल्ले की अन्य महिलाओं को एकत्रित करने का साहस रखती हैं। ☐

प्र. 8. आपकी पड़ोसन का पति दहेज के लिए उसे तंग करता है, आपकी प्रतिक्रिया—

क. मैं कुछ नहीं कर सकती, मेरे पति के पास भी समय नहीं कि उसकी सहायता कर सकें। ☐

ख. मैं ऐसी संस्थाओं से अपनी पड़ोसन का संपर्क करवाऊंगी, जो ऐसे मामलों में महिलाओं की सहायता करती हैं। ☐

प्र. 9. आप हाल ही में मां बनने वाली हैं, इसलिए आप—

क. अभी से शिशु पालन संबंधी पुस्तकें पढ़ना प्रारंभ कर देंगी। ☐

ख. कुछ विशेष नहीं करेंगी। ☐

प्र. 10. आप आधुनिक घरेलू उपकरणों की जानकारी रखती हैं—

क. आधुनिक उपकरण खरीदने की हमारी हैसियत नहीं, इसलिए जानकारी रखने में कोई फायदा नहीं। ☐

ख. आधुनिक घरेलू उपकरणों के विषय में जानकारी रखना अच्छा लगता है। ☐

कामकाजी महिलाएं

प्रश्नोत्तरी

प्र. 1. आप अपने पति की महिला सहकर्मियों को देखती हैं–

क. शंकालु दृष्टि से। ☐

ख. सहज भाव से। ☐

प्र. 2. बस में सफर करते हुए यदि आपसे कोई छेड़छाड़ करे, तो–

क. चुप्पी साधे रखती हैं। ☐

ख. तत्काल विरोध करती हैं। ☐

प्र. 3. यदि कार्यालय में आपका बॉस आपसे अनुचित व्यवहार करता है, तो–

क. बॉस का विरोध करने का अर्थ है नौकरी खोना, इसलिए जब तक हो सके झेलती रहेंगी। ☐

ख. कोई समझौता नहीं करेंगी, विरोध करने से नहीं चूकेंगी। ☐

प्र. 4. अपने स्वास्थ्य के लिए समय देने के संबंध में आपका विचार है–

क. कामकाजी हैं, समय नहीं मिल सकता। ☐

ख. समय मिलता नहीं, निकालना पड़ता है। ☐

प्र. 5. आप कामकाजी हैं, आप पर दोहरी जिम्मेदारी है, इसलिए आपकी सुबह शुरू होती है–

क. तनाव से। ☐

ख. हंसी से। ☐

प्र. 6. सुबह तैयार होने में भाग-दौड़ न हो, इसके लिए आप–

क. कुछ नहीं करतीं। ☐

ख. सुबह के कार्यों की रात में ही पूर्व तैयारी कर लेती हैं। ☐

प्र. 7. आप अपना अतिरिक्त कीमती समय देती हैं–

क. किटी पार्टी को। ☐

ख. सामाजिक गतिविधियों को। ☐

प्र. 8. आप अपनी महत्वाकांक्षाओं की **पूर्ति** के लिए–

क. अनुचित साधन अपनाने में नहीं झिझकतीं। ☐

ख. केवल परिश्रम पर विश्वास करती हैं। ☐

प्र. 9. आप कामकाजी हैं, इसलिए–

क. गृहकार्यों के प्रति उदासीन हैं। ☐

ख. जितना समय मिलता है, उतना कार्य रुचि से करती हैं। ☐

प्र. 10. कामकाजी होने के कारण आप अपने पड़ोसियों से–

क. बिल्कुल मेल-जोल नहीं रख पातीं। ☐

ख. महत्वपूर्ण अवसरों पर अवश्य शामिल होती हैं। ☐

वर्ग : 3

युवक एवं युवतियां

युवावस्था में भटकाव की संभावना सर्वाधिक होती है। यह वह अवस्था है, जब व्यक्ति पर अपने दिवास्वप्नों को पूर्ण करने का जुनून होता है। इस जुनून में जोश अधिक और होश कम होता है। शीघ्रातिशीघ्र सब कुछ पा लेने की चाह कई बार भटकाव का कारण बन जाती है। चकाचौंध युक्त ग्लैमर भरा जीवन आकर्षित करता है और किशोरमन चमकने वाली वस्तु को हीरा समझकर उसके पीछे दौड़ना प्रारंभ कर देता है। वह दौड़ता है, अनथक दौड़ता है, इसकी परवाह किए बिना कि इस दौड़ का परिणाम क्या होगा। जब तक जोश होश में बदलता है, तब तक कई बार बहुत देर हो चुकी होती है। इस प्रश्नोत्तरी को हल करके जांच कीजिए कि आपकी यह दौड़ कितनी सार्थक है?

मूल्यांकन विधिः *यहां युवक-युवतियों के लिए अलग-अलग दो प्रश्नोत्तरियां तैयार की गई हैं। प्रत्येक प्रश्नोत्तरी में 10 प्रश्न हैं। प्रत्येक प्रश्न के उत्तर के अंक अंत में दिए गए हैं। यदि आप 25 से अधिक अंक प्राप्त करते हैं, तो आप ठीक दिशा में जा रहे हैं। 15 से 25 के मध्य अंक प्राप्त होने पर आप मान सकते हैं कि आपको थोड़े सुधार की आवश्यकता है, लेकिन यदि आप 15 से कम अंक प्राप्त करते हैं, तो निश्चित रूप से पाश्चात्य संस्कृति का अंधानुकरण कर रहे हैं। स्वयं को बदलिए, अन्यथा भटक जाएंगे।*

युवक

प्रश्नोत्तरी

प्र. 1. आपके जीवन का लक्ष्य क्या है?

क. अभी सोचा नहीं। ☐

ख. गाड़ी में सवार हैं, जहां स्टेशन आएगा, उतर जाएंगे। ☐

ग. इसका आपके पास स्पष्ट उत्तर है। ☐

प्र. 2. नाइट पार्टी के विषय में आपकी सोच–

क. जो नाइट पार्टी में जाते हैं, वे मॉड कहलाते हैं। ☐

ख. लड़के-लड़कियों का उन्मुक्त व्यवहार अच्छा लगता है, इसलिए आप भी जाना चाहते हैं। ☐

ग. उद्देश्यहीन नाइट पार्टी समय बर्बादी के अतिरिक्त कुछ नहीं। ☐

प्र. 3. आपके उच्चवर्गीय मित्र आपको बीयर पीने के लिए उकसाएं तो–

क. कभी नहीं लेंगे, क्योंकि वह मित्रता ही क्या, जो व्यसनों का शिकार बनाए। ☐

ख. मित्रता अगर गहरी है, तो कुछ भी कर सकते हैं। ☐

ग. सफल होना है, तो सोसाइटी की मांग को तो पूरा करना ही पड़ेगा। ☐

प्र. 4. आप अपने माता-पिता से जेब खर्च की मांग करते हैं–

क. जितनी आपकी आवश्यकता है। ☐

ख. जितना आपके मित्रों को मिलता है। ☐

ग. जरूरत से अधिक। ☐

प्र. 5. आप सिगरेट पीते हैं, क्योंकि–

क. यह आपकी ग़लत संगति की देन है। ☐

ख. आजकल सब पीते हैं। ☐

ग. सिगरेट पीना आधुनिकता की निशानी है। ☐

प्र. 6. आपकी कोई गर्लफ्रेंड नहीं, इसलिए–

क. आपके भीतर हीन भावना पैदा हो गई है। ☐

ख. आपके मित्र चिढ़ाते हैं, इसलिए आपको गुस्सा आता है। ☐

ग. इस संदर्भ में ज्यादा विचार नहीं करते। ☐

प्र. 7. वैलेंटाइन डे पर किसी लड़की ने आपको ग्रीटिंग दिया, आपकी प्रतिक्रिया–

क. स्वस्थ मित्रता में कोई एतराज नहीं। ☐

ख. आप मन-ही-मन स्वयं को बहुत उच्च समझने लगेंगे। ☐

ग. आप वह ग्रीटिंग अपनी मित्र-मंडली में दिखाएंगे। ☐

प्र. 8. आप अपने माता-पिता की किसी आज्ञा का उल्लंघन यह सोचकर करते हैं –

क. वे पुराने जमाने के हैं, उन्हें कुछ नहीं पता। ☐

ख. उनकी हर बात में रोक-टोक की आदत है। ☐

ग. आपको विश्वास है कि आप तर्कों द्वारा उन्हें अपने पक्ष में कर लेंगे। ☐

प्र. 9. आपने एक महंगा तकनीकी कोर्स ज्वाइन किया है, क्योंकि –

क. आपके सबसे निकट के मित्र ने भी वही कोर्स ज्वाइन किया है। ☐

ख. क्योंकि आजकल ज्यादातर पढ़े-लिखे और हाई-फाई लोग वह कोर्स कर रहे हैं। ☐

ग. क्योंकि आपकी उस कोर्स में ही रुचि है। ☐

प्र. 10. आप अपने पिता का अपने मित्रों से परिचय करवाने से झिझकते हैं, क्योंकि –

क. आपके मित्र ज्यादा अमीर हैं, आपको उन्हें अपने पिता से मिलवाने में हीनता का बोध होता है। ☐

ख. आपके पिता आपके मित्रों से आपके विषय में पूछ-ताछ करना प्रारंभ कर देते हैं। ☐☐

ग. आपके पिता आपके मित्रों को यथोचित सम्मान नहीं देते।

उत्तरमाला : (1) क-2, ख-1, ग-3, (2) क-1, ख-2, ग-3, (3) क-3, ख-2, ग-1 (4) क-3, ख-2, ग-1 (5) क-3, ख-2, ग-1 (6) क-1, ख-2, ग-3 (7) क-3, ख-2, ग-1 (8) क-1, ख-2, ग-3 (9) क-2, ख-1, ग-3 (10) क-1, ख-2, ग-3 ।

युवतियां

प्रश्नोत्तरी

प्र. 1. आपने ब्वायफ्रेंड बनाया यह सोचकर –

क. आजकल ब्वायफ्रेंड बनाना आधुनिक फैशन है, जिसका ब्वायफ्रेंड नहीं, वह आउटडेटेड है। ☐

ख. उस युवक के विचार ही नहीं, बल्कि जीवन-लक्ष्य भी आप के लक्ष्य से मिलता है। आपको अपने जीवन के लक्ष्यों को पाने में एक-दूसरे से मदद मिलती है। ☐

ग. केवल विपरीत लिंगी आकर्षण के कारण। ☐

17

प्र. 2. **यदि आपका ब्वायफ्रेंड आपको डेटिंग पर बुलाए–**

क. ब्वायफ्रेंड का अर्थ है वह दोस्त, जो लड़का है। मैं डेटिंग पर विश्वास नहीं करती। ☐

ख. डेटिंग पर जाने से पूर्व निश्चित करूंगी कि कहीं डेटिंग के लिए पूर्णतः निर्जन स्थान तो नहीं चुना गया। ☐

ग. तुरंत तैयार हो जाऊंगी, क्योंकि मुझे उस पर पूरा भरोसा है। ☐

प्र. 3. **क्या आप बीयर पीती हैं?**

क. कभी अवसर नहीं मिला, अगर मिलेगा, तो जरूर चखूंगी ☐

ख. आधुनिकता का अर्थ पाश्चात्य अनुकरण नहीं। हमारी संस्कृति नशीले मादक पदार्थों के सेवन की इजाजत नहीं देती। ☐

ग. कोई भी आधुनिक लड़की बीयर से परहेज नहीं करती। ☐

प्र. 4. **आप आधुनिकता के नाम पर कैसे वस्त्र पहनना पसंद करती हैं?**

क. जैसा देश, वैसा भेष। ☐

ख. जिन्हें पहनने से अच्छे दिखें और समाज की आलोचना भी न सहनी पड़े। ☐

ग. फैशन के वस्त्र ही आधुनिक नारी की पहचान हैं। ☐

प्र. 5. **आपको किसी युवक से प्रेम है, आप उससे विवाह करना चाहती हैं, लेकिन माता-पिता नहीं मान रहे, तब आप–**

क. उस युवक के साथ घर से भागकर विवाह करेंगी। ☐

ख. आप कोर्ट मैरिज कर लेंगी। ☐

ग. आप विचार करेंगी कि आपके माता-पिता क्यों इस विवाह के विरोधी हैं। अगर उनका विरोध जायज नहीं है, तो उन्हें ठोस तर्कों से मनाने का हर संभव प्रयास करेंगी। ☐

प्र. 6. **आधुनिक युग नारी स्वतंत्रता का है। आप इस स्वतंत्रता का लाभ उठाती हैं–**

क. मनचाहा आचरण करके। ☐

ख. आधुनिक नारी स्वतंत्रता के लिए काम करने वाली संस्थाओं की सक्रिय सदस्या बनकर। ☐

ग. आधुनिक शिक्षा और आधुनिक तकनीकों का लाभ उठाकर। ☐

प्र. 7. क्या आपकी तकनीकी शिक्षा हासिल करने में रुचि है।

क. जी हां।

ख. बिल्कुल नहीं।

ग. थोड़ी-थोड़ी है।

प्र. 8. क्या आप देश की राजनीति के विषय में रुचि रखती हैं—

क. जी हां।

ख. नहीं।

ग. समाचार सुन लेती हूं।

प्र. 9. अगर आप किसी कार्य में असफल होती हैं, तो आप—

क. निराश होने लगती हैं।

ख. आप आत्म-विकास संबंधी पुस्तकें पढ़ती हैं, इसलिए दुगुने उत्साह से कार्य करने लगती हैं।

ग. रोने लगती हैं।

प्र. 10. यदि आपको कोई मॉड कहे, तो—

क. अति प्रसन्न हो जाती हैं।

ख. कोई फर्क ही नहीं पड़ता।

ग. अच्छा लगता है।

उत्तरमाला : (1) क-1, ख-3, ग-2, (2) क-3, ख-2, ग-1 (3) क-2, ख-3, ग-1 (4) क-2, ख-3, ग-1 (5) क-1, ख-2, ग-3 (6) क-1, ख-2, ग-3 (7) क-3, ख-1, ग-2 (8) क-3, ख-1, ग-2 (9) क-1, ख-3, ग-2 (10) क-1, ख-3, ग-2।

वर्ग : 4

प्रौढ़ एवं वृद्ध

प्रौढ़ावस्था या वृद्धावस्था वह अवस्था है, जब व्यक्ति शरीर से पुराना हो चुका होता है, लेकिन समाज के बदलते परिवेश और नयेपन के साथ उसे सामंजस्य स्थापित करना होता है। एक ओर जहां उसे अपने सांस्कृतिक मूल्यों और परिपक्व विचारों का वहन करना है, वहीं दूसरी ओर नई विचार-धारा और नई जीवन शैली के अनुसार भी स्वयं को ढालना होता है। आइए, जांचें कि हम सामंजस्य की स्थापना में कितने सफल हैं!

मूल्यांकन विधिः *आपके समक्ष 10 प्रश्न हैं। प्रत्येक प्रश्न के तीन विकल्प हैं, 'अ', 'ब' और 'स'। यदि आपका उत्तर 'अ' है, तो स्वयं को 1 अंक दें। यदि 'ब' है, तो स्वयं को 0 अंक दें। यदि 'स' है, तो आप –1 अंक के हकदार हैं। अंत में अंकों का योग कीजिए। यदि आपके कुल प्राप्त अंक 4 या इससे अधिक हैं, तो आप स्वयं को 'समझदार' की श्रेणी में रख सकते हैं। आप जमाने के साथ कदम-से-कदम मिलाकर चल रहे हैं। सभी आपका सम्मान करेंगे। यदि आपको 4 से कम अंक प्राप्त हैं, तो स्वयं में सुधार लाना चाहिए। आप नए-पुराने विचारों के बीच जूझ रहे हैं और उनसे सामंजस्य स्थापित करने के लिए आपको विवेकपूर्ण प्रयास करने चाहिए, किंतु यदि आप नेगेटिव अंक प्राप्त करते हैं, तो मान लें कि अब तक आपने केवल धूप में ही बाल सफेद किए हैं। आपको बहुत से लोग नापसंद करते हैं। आपकी आदतों के कारण परिवारजन भी आपके प्रति नकारात्मक सोच रखते हैं। यदि आप अच्छा जीवन जीना चाहते हैं, तो स्वयं को बदलिए, अन्यथा आप स्वयं ही परेशान होंगे।*

प्रश्नोत्तरी

प्र. 1. आप अपने विवाहित पुत्र की ग़लती पर–

अ. उसे उसकी ग़लती की तरफ इशारा करते हुए सलाह देते हैं। ☐

ब. उसे अकेले में फटकार लगाते हैं। ☐

स. उसे उसकी पत्नी के सामने डांटने लगते हैं। ☐

प्र. 2. आपकी पोती जब अपने सहपाठियों से फोन पर बात करती है, तो–

अ. पोती के मित्रों में रुचि लेकर पूछते हैं कि किसका फोन था। ☐

ब. चोरी-चोरी कान लगाकर बातें सुनते हैं। ☐

स. नाक-भौंह सिकोड़ कर बुरा-भला कहते हैं। ☐

प्र. 3. आप अपनी सेहत के प्रति–

अ. पूर्णतः सजग हैं, इसलिए नियमित व्यायाम भी करते हैं। ☐

ब. कामों में इतने उलझे हुए हैं कि समय ही नहीं मिलता। ☐

स. लापरवाह हैं, मानते हैं कि बुढ़ापा तो आना ही है या आ गया है। ☐

प्र. 4. आप सेवानिवृत्त हो चुके हैं, अब आपके पास पर्याप्त समय है। आप अपना समय व्यतीत करते हैं–

अ. यथासंभव घर के कार्यों में सहयोग देकर और सामाजिक गति-विधियों में भाग लेकर। ☐

ब. अपनी हमउम्र मंडली के साथ गप्पें मारकर या ताश खेलकर। ☐

स. बहू-बेटे की कार्यप्रणाली पर नज़र रखते हुए उनमें मीन-मेख निकालकर। ☐

प्र. 5. आपकी बहू मायके जाना चाहती है, आप नहीं चाहते कि वह जाए, इसलिए–

अ. अगर कोई आवश्यक कार्य नहीं है, तो उसकी इच्छा पर छोड़ देंगे। अगर आवश्यक कार्य है, तो उस कार्य की ओर इशारा करेंगे। ☐

ब. आप बहाने बनाते हैं कि इस माह में मायके नहीं जाते या बार-बार मायके जाना ठीक नहीं, घर को संभालो। ☐

स. आज्ञा दे देते हैं, लेकिन बेटे पर दबाव डालते हैं कि वह उसे रोके। ☐

प्र. 6. आपको वहम है कि वीरवार के दिन कपड़े नहीं धोने चाहिए, आपकी बहू इस वहम को नहीं मानती। इस पर आप–

अ. अपने वहम दूसरों पर थोपने का प्रयास नहीं करेंगी। ☐

ब. प्रतिष्ठा का प्रश्न बनाकर नाराजगी व्यक्त करेंगी। ☐

स. आप अपनी बात मनवाने के लिए पति का सहारा लेंगी। ☐

प्र. 7. **आपके बेटा-बहू नौकरीपेशा हैं। उनके बच्चे आपको संभालने पड़ते हैं। इस पर अकसर आपकी प्रतिक्रिया रहती है–**

अ. आपसे पूरा दिन बच्चे नहीं संभाले जाते, इसलिए आप अपने बेटे से एक आया रखने की मांग करती हैं।

ब. आपकी उम्र ज्यादा हो गई है। छोटे बच्चे सारा दिन तंग करते हैं। आप बच्चे संभालती तो हैं, लेकिन सारा दिन कुढ़ती रहती हैं और शाम को शिकायतें लेकर बैठ जाती हैं।

स. आप बच्चे तो रखती हैं, लेकिन बात-बात पर एहसान जताती हैं।

वर्ग : 5

अभिभावक

आप अपने बच्चों का बहुत ध्यान रखते हैं। उनकी प्रत्येक आवश्यकता की पूर्ति करने का प्रयास करते हैं। आप उनकी उन्नति के सपने भी संजोते हैं, लेकिन आप एक अच्छे अभिभावक तभी साबित हो सकते हैं, जब आप अपने युवा होते बच्चों की आधुनिक सोच और इच्छाओं से परिचित होते हुए ठीक ढंग से उनका मार्गदर्शन करेंगे। चलिए, इस जांच के माध्यम से जानें कि आप अपने बच्चों की भावनाओं को कितना समझते हैं और उनका दिशा संचालन उचित रूप से कर रहे हैं अथवा नहीं।

मूल्यांकन विधिः *इस प्रश्नोत्तरी में कुल 10 प्रश्न हैं। प्रत्येक प्रश्न का उत्तर हां/नहीं है। यदि आपका उत्तर 'हां' है, तो स्वयं को 1 अंक दें और यदि 'नहीं' है, तो स्वयं को कोई अंक न दें। इस तरह यदि कुल प्राप्त अंकों का योग 6 या उससे अधिक है, तो आप एक अच्छे अभिभावक हैं और अपने बच्चों का ठीक तरह से मार्गदर्शन कर रहे हैं, किंतु यदि आपने 6 से कम अंक प्राप्त किए हैं, तो आप आज के बच्चों के साथ सामंजस्य बैठाने में असमर्थ सिद्ध हो रहे हैं। आपको स्वयं के व्यवहार में सुधार की जरूरत है।*

प्रश्नोत्तरी

प्र. 1. क्या आप अपनी पुत्री से सहेली की तरह व्यवहार करती हैं?

उ. हां/नहीं। ☐

प्र. 2. यदि आपका बच्चा आए दिन किसी-न-किसी मित्र के घर जाने के बहाने घर से निकले, तो क्या आप उसकी सच्चाई की जांच करने का प्रयास करते हैं?

उ. हां/नहीं। ☐

प्र. 3. क्या आप समय-समय पर बच्चे के अध्यापकों से मिलते हैं?

उ. हां/नहीं। ☐

प्र. 4. यदि आपका युवा पुत्र-पुत्री खोए-खोए रहने लगें, तो क्या आप उनके व्यवहार में आए इस परिवर्तन के कारण को गहराई से जानने का प्रयास करते हैं?

उ. हां/नहीं। ☐

प्र. 5. यदि आपकी किशोर संतान बार-बार शीशा देखने लगे, तो क्या आप उसके मनोभावों को समझते हुए उसे विपरीत लिंग के आकर्षण के विषय में समझाते हैं?

उ. हां/नहीं। ☐

प्र. 6. क्या आप अपने बच्चों को नैतिक मूल्यों की शिक्षा देते हैं?

उ. हां/नहीं। ☐

प्र. 7. क्या आप ध्यान देते हैं कि आपके बच्चे अपना जेबखर्च किस तरह व्यय करते हैं?

उ. हां/नहीं। ☐

प्र. 8. क्या आप अपने बच्चों के मित्रों का स्वागत सत्कार करते हैं?

उ. हां/नहीं। ☐

प्र. 9. क्या आप बच्चों से छोटे-छोटे पारिवारिक मुद्दों पर सलाह लेते हैं?

उ. हां/नहीं। ☐

प्र. 10. क्या आप अपने बच्चों के साथ सामाजिक विषयों पर चर्चा करते हैं?

उ. हां/नहीं। ☐

शुरुआती कदम

आधुनिक जीवन शैली का हमारे मन पर गहरा प्रभाव पड़ा है। दोषपूर्ण जीवन शैली कई मानसिक क्षीणताओं का कारण बन रही है। आधुनिक दौर में बढ़ता हुआ तनाव नई जीवन शैली का ही परिणाम है। कम समय में बहुत अधिक कार्य करने की चाहत, जीवन में अनुशासन का अभाव, प्राकृतिक नियमों का उल्लंघन और अव्यवस्थित कार्यप्रणाली से उत्पन्न तनावों और मानसिक दबावों ने तन और मन दोनों को दुर्बल किया है। उच्च रक्तचाप, दिल का दौरा, मधुमेह जैसी बीमारियां आज पहले से ज्यादा प्रचलित हैं। आज भी भारतीय गांवों में 70-80 वर्ष की आयु वाले व्यक्ति पूर्णतः स्वस्थ जीवन जी रहे हैं, लेकिन शहरी मॉडर्न लाइफ स्टाइल ने 40 वर्ष की आयु पार करते ही नियमित डॉक्टरी जांच एक आवश्यकता बना दी है, फिर भी आधुनिक जीवन शैली हमारी पसंद भी है और जरूरत भी। देखा जाए, तो हमारे इस आधुनिक जीवन में हम अपने बहुत से दबावों, तनावों और रोगों से मुक्ति केवल अपनी कार्यप्रणाली और दिनचर्या में थोड़ा-सा सुधार करके ला सकते हैं।

सर्वप्रथम हम अपनी कार्यप्रणाली में सुधारों के विषय में बात करते हैं। कार्य चाहे छोटा हो या बड़ा, अगर हमारी दृष्टि में उसका महत्व है और हम उसे पूर्ण करना चाहते हैं, तो हमें चाहिए कि उसके लिए समय निर्धारित कर लें कि अमुक समय तक अपना यह कार्य समाप्त कर लेंगे। ऐसा करने से एक तो पूरी शक्ति उस कार्य में लग जाएगी, दूसरे हमारे दिलो-दिमाग में उस कार्य को निश्चित अवधि तक समाप्त करने का जोश भर जाएगा। अकसर होता यह है कि हम किसी काम के लिए समय निर्धारित नहीं करते और धीरे-धीरे उसे करते रहते हैं। इस बीच हम अन्य कई कार्यों को, जिनका महत्व नहीं होता, अपना थोड़ा-थोड़ा समय देते रहते हैं। इससे मूल कार्य को पूरा करने में बहुत देर लग जाती है और इस तरह हर कार्य विलंब से पूरा करने का तनाव झेलते हैं। मैंने जब से अपने जीवन में समयबद्ध कार्यप्रणाली के सिद्धांत को अपनाया है, बहुत लाभ अनुभव किया

है। यह सिद्धांत मुझे तब मिला, जब मैंने अपने छात्र जीवन में महत्वपूर्ण नोट्स तैयार करने के लिए पुस्तकालय से एक पुस्तक ली थी और उसे दो दिन में लौटाना था, क्योंकि पुस्तक लौटाने का समय निर्धारित था, इसलिए मैंने सभी काम छोड़कर दो दिन में ही नोट्स बनाने की ठानी और इसमें सफलता भी हासिल की। मैंने महसूस किया कि अगर मुझे वह पुस्तक दो दिन में न लौटानी होती, तो मैं वही नोट्स तैयार करने में लगभग 15-20 दिन तो अवश्य लगा देती। बस, मैंने तब से प्रत्येक कार्य के लिए समय निर्धारित करना शुरू कर दिया। अब रसोई में खाना बनाने के लिए भी मैं पहले से ही समय निर्धारित कर लेती हूं। यहां तक कि कार्यालय में भी मैं अपने हिसाब से अपने कार्य को समाप्त करने के लिए समय सीमा बनाती हूं। मुझे इससे बहुत फायदा हुआ। आप इस सिद्धांत को अवश्य अपना कर देखें।

एक समय में एक ही काम

दूसरी बात, एक समय में एक ही काम करें। अकसर लोग एक साथ दो-तीन काम करने प्रारंभ कर देते हैं। इससे समय की बचत नहीं होती, बल्कि जरूरत से ज्यादा समय लगता है, क्योंकि हम एक काम पर पूरी तरह एकाग्र नहीं हो पाते। एकाग्रता की कमी से कार्य की गुणवत्ता पर भी विपरीत प्रभाव पड़ता है। एक साथ बहुत से काम करने पर कोई काम समय पर पूरा नहीं हो पाता, जिससे तनाव बढ़ता है। माना कि आपके पास समय कम है और काम ज्यादा है, लेकिन कार्यों के महत्व के अनुसार उन्हें क्रम से करते रहें। इस तरह क्रमशः सभी काम पूरे हो जाएंगे। कहते हैं कि **एकै साधे सब सधे, सब साधे सब जाय।** अपने विद्यार्थी जीवन को याद करें। जब आप छोटे थे, तो बहुत से प्रश्न एक साथ याद करने की बात सोचकर ही आपको घबराहट होने लगती थी, किंतु जब एक-एक करके याद कर लेते थे, तो सब आसान हो जाता था।

अपने मैनेजर स्वयं बनें

अपने कार्यों के लिए पहले योजनाएं बनाएं। आज के जटिल और तेज़ रफ़्तार जीवन में योजनाबद्ध तरीके से कार्य बहुत जरूरी है। अपनी योजनाओं को कलमबद्ध अवश्य करें। योजनाओं के क्रियान्वयन में यह तरीका सहायक सिद्ध होगा। बड़े-बड़े कार्यालयों में मैनेजर का काम योजनाएं बनाना और उन्हें क्रियान्वित करवाना ही होता है। आप अपने मैनेजर स्वयं बनें।

आधुनिक दौर में बहुत सारा पाने की चाहत ने व्यक्ति को बहुत व्यस्त बना दिया है। परिणामतः उसे पग-पग पर बहुत-सी समस्याओं का सामना करना पड़ता है। वह अपनी सूझ-बूझ और शैक्षणिक योग्यता से समस्याओं को सुलझाने में सक्षम

है, किंतु समस्या तब बढ़ जाती है, जब वह अपनी सभी समस्याओं को एक साथ देखना प्रारंभ कर देता है। समस्याओं को मिलाकर देखने से वह अपने मूल आकार से बढ़कर दिखने लगती हैं और व्यक्ति उनसे डरकर निराशा के गर्त में गिरने लगता है।

समस्याएं एक-एक कर सुलझाएं

मुझे याद है कि एक बार मैं अपने मित्र के घर गई, तो उसकी मां ने मुझे कुछ समय बैठकर प्रतीक्षा करने के लिए कहा, क्योंकि मेरी मित्र उस समय पूजा कर रही थी। मैं उसकी प्रतीक्षा करने लगी। जब वह पूजा करके लौटी, तो उसकी आंखों में सूजन थी। थोड़ी देर मुझसे बात करते-करते वह रोने लगी। मैं भी हैरान कि मैंने तो कोई ऐसी बात नहीं कही, जिससे उसे दुख हो। उसकी मां भी परेशान हो गई कि अभी-अभी तो ठीक-ठाक थी। मां ने बताया कि पूजा करने से पूर्व हंस-हंसकर बातें कर रही थी। मैंने उससे पूछा कि उसने कैसी पूजा की थी, तो उसने उत्तर दिया, ''आज मैंने भगवान से दिल खोलकर मांगा था।'' मुझे कुछ-कुछ समझ आने लगा। मैंने थोड़ा और कुरेदा, तो पता चला कि उसके पिता कुछ दिनों से बीमार हैं। भाई को नौकरी नहीं मिल रही है। उसके अपने कार्यालय में हड़ताल है। उसकी परीक्षाएं भी निकट आ रही हैं, लेकिन न तो पढ़ने में दिल लगता है और न ही समय मिलता है। और भी बहुत-सी बातें, जो उसके लिए प्रतिकूल थीं, उनका सामना भी उसे करना पड़ रहा था। जब वह भगवान से प्रार्थना के लिए उन्मुख थी, तो उसने ये सब समस्याएं मन-ही-मन दोहराना शुरू कर दीं और इतनी सारी समस्याएं एक साथ देखकर वह एकदम निराश और दुखी हो गई। सबके साथ ऐसा ही होता है। तमाम समस्याएं जब एक साथ दिखती हैं, तो व्यक्ति उनमें उलझने लगता है। समस्याओं में उलझिए नहीं, उन्हें एक-एक करके सुलझाने का प्रयास करें।

जल्दी सोएं, जल्दी उठें

यदि दिनचर्या में सुधार की बात करें, तो हमें अपनी दिनचर्या को अनुशासित करने की जरूरत है। निश्चित समय पर उठने और सोने का नियम स्वतः बहुत सी समस्याओं को सुलझा देता है। सुबह जल्दी उठने और रात को जल्दी सोने का नियम प्रकृति के अनुकूल है। अतः यही अपनाएं। आज का सबसे बड़ा दोष इस नियम की अवहेलना है। लोग देर रात तक टी.वी. देखते हैं और सुबह भी देर से उठते हैं, जिससे पूरी दिनचर्या बिगड़ जाती है। सवेरे का समय ताजगी-भरा होता है। उसे व्यर्थ न जाने दें। विद्यार्थी-काल में भी देर रात तक जागकर पढ़ने से बेहतर है सुबह जल्दी उठकर पढ़ें।

कुछ करने के लिए स्वास्थ्य ज़रूरी

आधुनिक खान-पान भी स्वास्थ्य की दृष्टि से सुधार की मांग करता है। जितना सिगरेट, तंबाकू और मदिरा से परहेज करना चाहिए, उतना ही आज ये जीवन के अभिन्न अंग बनते जा रहे हैं। चाय-कॉफी के अत्यधिक सेवन से भी बचना चाहिए। कार्यालय में बैठे-बैठे बिना वजह चाय की चुस्कियां लेना उचित नहीं। न ही हर आने वाले मेहमान को चाय पिलाना और फिर उसका साथ देने के लिए चाय का सेवन करने का नियम बनाना ठीक है। आज चाय और कॉफी का प्रचलन बढ़ता जा रहा है, जो स्वास्थ्य की दृष्टि से हानिकारक है। दूसरी ओर फॉस्ट फूड का चलन भी स्वास्थ्य पर प्रश्नचिह्न लगाता है। जरा सोचिए, एक तरफ आपकी महत्वाकांक्षाएं बहुत आगे बढ़ने की हैं, दूसरी ओर आप अपने स्वास्थ्य के प्रति लापरवाही बरतकर अपने तन-मन को रोगी बना रहे हैं। क्या ऐसा करके आप अपनी महत्वाकांक्षाओं की पूर्ति के लिए ऊर्जा जुटा पाएंगे? अस्वस्थ व्यक्ति कुछ नहीं कर सकता। इसलिए आधुनिकता के चक्कर में फास्ट फूड और शीतल पेय प्रेमी बनकर अपने स्वास्थ्य के साथ अन्याय न करें।

प्रतिज्ञा : मैं प्रण करता／करती हूं कि आज से ही अपने स्वास्थ्य के प्रति पूर्णतः सजग रहते हुए अपनी कार्यप्रणाली को अनुशासित करूंगा／करूंगी।

अपनी सोच को आधुनिक बनाएं

आधुनिकता को लेकर सदैव संशय और दुविधा मानस में छाई रहती है। लोग समझते हैं कि किटी पार्टी, पब, डिस्को, ग्लैमर, फैशन और फर्राटेदार अंग्रेज़ी ही आधुनिकता है, तो यह भयंकर भूल है। वास्तव में सबसे आगे दिखने के लिए चाहिए आधुनिक सोच और समझ यानी जीवन में प्रगतिशील मूल्यों का समावेश।

मानव को संपूर्ण जीवन में पांच अवस्थाओं से गुज़रना पड़ता है– बाल्यावस्था, किशोरावस्था, युवावस्था, प्रौढ़ावस्था और वृद्धावस्था। बाल्यावस्था में व्यक्ति मात्र सीखने का कार्य करता है। सर्वप्रथम वह अपने परिवार से विचार ग्रहण करता है, फिर विद्यालय से और आस-पास के परिवेश से ज्ञानार्जन करता है। यही ज्ञान उसके व्यक्तित्व का आधार बनता है। किशोरावस्था में पहुंचते-पहुंचते व्यक्ति के मन में एक काल्पनिक व्यक्तित्व की रेखाएं खिंचने लगती हैं और वह उसके अनुरूप ढलना चाहता है। जैसे ही उसके पांव युवावस्था की दहलीज पर कदम रखते हैं, वह पूरे जोश और उत्साह से अपनी कल्पना में हावी हो रहे व्यक्तित्वानुसार स्वयं को प्रस्तुत करने का प्रयत्न करता है। युवावस्था में व्यक्ति स्वयं को सर्वश्रेष्ठ सिद्ध करने के लिए पूरी तरह प्रयत्नरत रहता है। वह अपना सर्वस्व दांव पर लगाकर स्वयं को बदलते हुए समाज में फिट करने के लिए संघर्ष करता है। दूसरे शब्दों में, वह आज के समाज में पूरी तरह आधुनिक दिखना चाहता है। कई बार इसी प्रयत्न में वह ग़लत दिशा भी पकड़ लेता है और यह दिशा उसका संपूर्ण जीवन बर्बाद कर देती है। प्रौढ़ावस्था आते-आते व्यक्ति का जोश थमने लगता है और वह आधुनिक दिखने के मोहपाश से थोड़ा-थोड़ा बाहर निकलता जाता है। वृद्धावस्था आने पर व्यक्ति शारीरिक और मानसिक शिथिलता के कारण आधुनिक अवधारणा में पिछड़ने लगता है। इसी अभाव के कारण कई बार वह प्रत्येक आधुनिक वस्तु और विचार का विरोध करने लगता है।

अब विचार उठता है कि क्या आधुनिक बनने का प्रयत्न करना चाहिए? युवा वर्ग जिस आधुनिकता की ओर पूरे जोश से दौड़ता है, वह कहां तक उचित है? और

एक वह वर्ग, जो पूरी तरह आधुनिकता के विरोध में खड़ा है, कहां तक सही है? लेकिन इन सब प्रश्नों के उत्तर देने से पूर्व यह जानना जरूरी हो जाता है कि वास्तव में आधुनिकता किसे कहा जाए? अगर हम वास्तव में आधुनिक होने का सही अर्थ जान लें और मात्र वेशभूषा और भाषा में परिवर्तन लाने को ही आधुनिकता की निशानी न समझें, तो आधुनिक होने में कोई बुराई नहीं, बल्कि यह आधुनिक समाज की जरूरत ही कही जाएगी।

वास्तव में आधुनिकता को परिभाषित नहीं किया जा सकता। यह हमारे दृष्टिकोण पर निर्भर करता है कि हम किसे आधुनिकता मानते हैं। देश और काल के अनुसार 'आधुनिकता' के मानदंड भी बदल जाते हैं। भारत में एक लड़की का छोटे वस्त्र पहनना उसकी दृष्टि में आधुनिकता की निशानी हो सकता है, लेकिन इंग्लैंड में यह साधारण बात है। इसी तरह आज से 70 वर्ष पूर्व एक लड़की का साइकिल चलाना आधुनिक कहलाता था, लेकिन आज ऐसा नहीं है। इसी तरह कल तक शराब को युवा पीढ़ी एक बुराई में गिनती थी। लेकिन आज यह 'आधुनिकता' की पहचान है। दरअसल एक व्यक्ति के लिए आधुनिक वह है, जो उसकी पहुंच से बाहर है। एक गांव के व्यक्ति के लिए एक लड़की का जींस पहनना आधुनिक हो सकता है, लेकिन शहरी परिवेश में साधारण बात गिनी जाती है। एक व्यक्ति जो कार्य आधुनिकता की आड़ में कर रहा है, दूसरे के लिए वही निर्लज्जता का प्रदर्शन हो सकता है, फिर भी हर व्यक्ति जहां खड़ा है, वहां से आधुनिकता की ओर चलना चाहता है। गांव का व्यक्ति शहरी व्यक्ति की नकल करके आधुनिक होना चाहता है, शहर का व्यक्ति महानगरीय रंग-ढंग और दिनचर्या अपनाना चाहता है और महानगर के लोग पश्चिमी सभ्यता में रंगना चाहते हैं। आज के युवाओं की दृष्टि में जो उनकी पहुंच से बाहर है, वह उनके लिए आधुनिक है। ऐसी सोच के परिणामस्वरूप ही वे आधुनिकता की होड़ में दौड़ रहे हैं और इस तेज दौड़ में ठोकर खाकर गिर भी पड़ते हैं, चोट भी लगती है, लेकिन फिर उठकर दौड़ने लगते हैं। उनका उत्साह देखकर खुशी होती है, लेकिन तब दुख होता है, जब वे दौड़ते-दौड़ते पुनः वहीं आकर खड़े मिलते हैं, जहां से उन्होंने दौड़ शुरू की थी। ऐसी दौड़ से क्या लाभ?

नशाखोरी करके, डिज़ाइन वाले कपड़े पहनकर या पश्चिमी भाषा अपना कर आधुनिक नहीं बना जा सकता। यह मात्र अंधी दौड़ साबित होगी। अगर आप वास्तव में आधुनिक बनना चाहते हैं, तो अपनी सोच और व्यवहार को आधुनिक तथा प्रगतिशील बनाना होगा।

आधुनिक बनें, लेकिन दिखावापसंद नहीं। मात्र मॉडर्न स्टाइल की वेशभूषा से वास्तविक आधुनिकता हासिल नहीं की जा सकती। कल्पना कीजिए, एक युवा लड़की अंग दिखाऊ वस्त्र पहने हुए है। उसे देखकर एक बार तो आपके मुख से अवश्य निकलेगा, 'वाह, क्या मॉड लड़की है!' लेकिन आपके द्वारा उसे 'मॉडर्न' कहने में प्रशंसनीय भाव नहीं होगा। क्या आप भी ऐसे 'मॉडर्न' बनना चाहते हैं? नहीं, शायद आप ऐसे मॉडर्न बनना पसंद नहीं करेंगे, जिससे आपको आलोचनाओं का सामना करना पड़े। प्रयत्न करें कि लोग आपकी वेशभूषा से नहीं, बल्कि आपके व्यवहार एवं विचारों को देखकर आपको आधुनिक कहें। आधुनिक दिखने के चक्कर में फूहड़ वस्त्र पहनकर लोगों की नज़रों से भय ही प्राप्त होता है, मानसिक संतुष्टि नहीं। प्रगतिशील बनना या कहलाना हमारा उद्देश्य हो सकता है, लेकिन प्रगतिशील बनने के लिए प्रदर्शन करना जरूरी नहीं, बल्कि आधुनिकता और प्रगतिशीलता लानी चाहिए अपने विचारों में। उदारता एवं व्यापकता लाकर आधुनिक कहलाया जा सकता है। अधिकतर युवा वस्त्र तो आधुनिक पहन लेते हैं, भाषा भी आधुनिक सीख लेते हैं, लेकिन अपनी मानसिक संकीर्णता की ओर ध्यान नहीं देते।

कल्पना करें कि कोई बहुत सुंदर महल है। उस पर कीमती पत्थर लगे हैं। वे बहुत सुंदर हैं। लोग एक बार तो उसकी प्रशंसा जरूर करेंगे, लेकिन यदि एक बार की तेज आंधी ने उस महल को गिरा दिया, तो कोई उसके कीमती पत्थरों की प्रशंसा करने नहीं आएगा, लेकिन यदि महल की नींव में मजबूत पत्थर लगे हैं, तो उसको तेज आंधियां भी नहीं गिरा पाएंगी और वह सदैव प्रशंसा का पात्र बना रहेगा। ठीक इसी तरह आपके विचार नींव के मजबूत पत्थर की तरह सुदृढ़ होने चाहिए, ताकि उस पर टिका आधुनिक कीमती पत्थरों का महल सदैव प्रशंसनीय बना रहे।

बात आधुनिक मूल्यों और मान्यताओं की है। जब तक आप अपने घर की स्त्रियों को समानता का अधिकार नहीं देंगे, समाज में विधवा विवाह के लिए किसी की मदद नहीं करेंगे, तो किस तरह आधुनिक कहलाएंगे! लड़कियों को तैराकी में चैंपियन नहीं बनने देंगे, नृत्य-संगीत में आगे नहीं बढ़ने देंगे, तो आप काहे के आधुनिक। आधुनिकता की होड़ में स्त्री-पुरुष संबंधों को प्रेम की जगह वासना के रूप में देखना सच्चाई नहीं है, न ही 'वेलेंटाइन डे स्टाइल' ही वास्तविक है। इसमें तो गरिमा और मर्यादा होनी ही चाहिए। संबंधों की ऊंचाइयों से 'मॉडर्निटी' परिलक्षित होती है, उसकी विकृतियों से नहीं।

प्रतिज्ञा : मैं प्रतिज्ञा करता/करती हूं कि मैं अभी से स्वयं को आधुनिकता के मापदंडों पर खरे उतारने के प्रयास सच्चे मन से करूंगा/करूंगी।

यही है राइट च्वाइस फैमिली

कितने खेद का विषय है कि आधुनिक छोटे परिवार में भौतिक सुविधाओं की कमी न होते हुए भी शांति और प्रसन्नता नहीं है। पति-पत्नी दोनों आधुनिकता का दंभ भरते हैं, किंतु वैचारिक अपरिपक्वता के कारण ये दौड़ में पिछड़ने लगते हैं और दांपत्य की गाड़ी के पहिए थोड़ी दूरी तय करने के बाद ही पंक्चर होने प्रारंभ हो जाते हैं। हमने यहां पांच विषय या समस्याएं चुनी हैं, जिनका सामना लगभग सभी आधुनिक दंपतियों को करना पड़ता है। आप ऐसी परिस्थिति सामने आने पर क्या करते हैं, मैं नहीं जानती, लेकिन आप स्वयं का मूल्यांकन तो कर ही सकते हैं।

भले ही समाज या समाज में रहने वाले किसी भी वर्ग के लोग कितने ही आधुनिक क्यों न हो जाएं, उनका सुख और खुशी उनकी फैमिली अर्थात् परिवार से ही प्रारंभ होती है। परिवार ऐसी धुरी है, जहां से व्यक्ति पूरे संसार का चक्कर क्यों न काट ले, उससे जुड़ा रहना चाहता है। किसी भी क्षेत्र में कितनी ही सफलता क्यों न अर्जित कर ली जाए, समाज की दृष्टि में कितना ही सम्मान क्यों न प्राप्त कर लिया जाए, लेकिन यदि आपका पारिवारिक जीवन कलहपूर्ण है, तो आपकी सभी उपलब्धियों से मिलने वाली खुशियां पानी के बुलबुलों की तरह क्षणिक होंगी। आधुनिकीकरण के इस दौर में एकल परिवारों की संख्या बढ़ रही है। एक परिवार की परिभाषा में पति-पत्नी और बच्चे ही आते हैं। ऐसे में यदि पति-पत्नी में आपसी समायोजन नहीं है, तो भले ही समाज की दृष्टि में आप एक परिवार में ही रह रहे हैं, किंतु आप अपने परिवार को 'राइट च्वाइस फैमिली' नहीं कह सकते। कोई परिवार चाहे कितना ही आधुनिक क्यों न हो, सफल वही कहलाएगा, जहां परिवार के सदस्य एक-दूसरे की भावनाओं को सम्मान देते हों। घर में एकता और शांति हो, सभी स्वस्थ और सुंदर बने रहने के प्रयत्न करते हों, आपस में दुख-दर्द बांटने और सहारा देने को तत्पर हों यानी सहअस्तित्व के सिद्धांत पर अमल करते हों, रोज़ी-रोज़गार से लगे हों, आर्थिक अभाव शून्य हो, ऐसा घर ही आपके सपनों का घर होगा यानी 'राइट च्वाइस' की यही परिभाषा है।

इसके विपरीत आधुनिक परिवेश से जुड़ी तमाम समस्याएं भी आधुनिक ही हैं। आज से 25-30 वर्ष पूर्व ऐसी समस्याएं कम नज़र आती थीं, किंतु ज्यों-ज्यों व्यक्ति भौतिक उन्नति करता गया, उसकी उलझनें भी रूप बदल कर सामने आने लगीं। इधर आधुनिक परिवारों में पति-पत्नी में आपसी कलह के कुछ नए ही कारण सामने आए हैं, जिसकी चर्चा करना अनिवार्य है। आप जानेंगे कि इसी से 'राइट च्वाइस फैमिली' में बिखराव आया है।

आधुनिक पति-पत्नी के बीच तनाव और कलह के कुछ मुद्दे निम्नलिखित हैं, जिनके विषय में अगले अध्यायों में विस्तार से बातचीत करेंगे–

1. दोस्ती करें, मगर संभल के।
2. नौकरीपेशा पत्नी को सहयोग दें।
3. अफसर पत्नी से ईर्ष्या न करें।
4. पत्नी की बड़ी उम्र पर न जाएं।
5. परस्पर टकराव को टालें।

बहरहाल पति-पत्नी के मध्य तनाव के उक्त कारण भले ही आधुनिक जीवन शैली की देन हों, किंतु इन सबका समाधान एक ही सोच से हो जाता है, यदि आप स्वयं को आधुनिक समझते हैं, तो पति-पत्नी को उन दो पहियों की तरह समझें, जिनका गाड़ी चलाने में समान योगदान है। न कोई श्रेष्ठ है और न कोई हीन। इसलिए दोनों को एक-दूसरे को सम्मान देना और भावनाओं की कद्र करना जरूरी है। एक-दूसरे की टांग खींचने की बजाए सहयोग देकर चलना चाहिए। सामूहिक उन्नति में ही परिवार का कल्याण है। परिवार के सदस्यों में आपसी तालमेल होगा, तभी समाज आपके परिवार को देखकर कहेगा, यही है राइट च्वाइस फैमिली।

नौकरीपेशा पत्नी को सहयोग दें

नौकरीपेशा पत्नी आर्थिक रूप से पति की सहायता करके परिवार को मजबूत बनाती है। इसके साथ ही घर परिवार की जिम्मेदारियों को भी बखूबी निभाने का प्रयास करती है। आधुनिक युवक की पहली पसंद है, नौकरीपेशा पत्नी, लेकिन पत्नी भी इनसान है। कहीं आप उससे अतिरिक्त अपेक्षाएं तो नहीं करने लगे?

आधुनिक परिवारों की समस्याओं की कड़ी में एक और समस्या सामने आती है, जो पति द्वारा नौकरीपेशा पत्नी से आवश्यकता से अधिक अपेक्षाओं का परिणाम है। आधुनिकता की ओर हमारे बढ़ते कदमों ने नारी को अपने साथ कदम-से-कदम मिलाकर चलने के लिए प्रेरित किया और महिला ने घर की चारदीवारी से बाहर निकलकर अपने परिवार के आर्थिक पक्ष को मजबूत करने में सहयोग देने का बीड़ा उठाया। आधुनिकता का सबसे अधिक प्रभाव महिलाओं के जीवन और उनकी स्थिति-परिस्थितियों पर पड़ा है। आज की कामकाजी स्त्री दबाव से मुक्त नहीं, बल्कि दोहरी जिम्मेदारी के बोझ तले दबी हुई है। न्यूकिलिय यानी एकल परिवार वर्तमान उपभोक्तावादी संस्कृति का ही परिणाम है। संयुक्त परिवारों में रहने वाली महिलाओं को बेफिक्री थी। उन्हें परिवार के अन्य सदस्यों का सहयोग मिल जाता था। हां, पति के असहयोग की शिकायत अवश्य पाई जाती थी। बच्चों के पालन में जो असुविधाएं एकल परिवार की महिलाओं को झेलनी पड़ती हैं, संयुक्त परिवार की महिलाएं उनसे साफ बच निकलती थीं। वर्तमान एकल परिवारों में नौकरीपेशा स्त्रियां अकेले जूझने को अभिशप्त हैं। कारण यह कि आधुनिक पुरुष स्त्री द्वारा आर्थिक स्तर पर सहयोग करने की बात तो स्वीकार करता है, लेकिन घरेलू स्तर पर खुद अपने सहयोग की बात को नज़रअंदाज कर जाता है। कई परिवारों में पुरुषों पर अपने ही कार्यालय की जिम्मेदारियां इतनी अधिक होती हैं कि वे घर में स्त्री को सहयोग नहीं दे पाते। ऐसे में जरूरी नहीं कि पुरुष स्वयं घरेलू कामों में हाथ बटाएं। यदि आर्थिक स्थिति ठीक है, तो नौकर-नौकरानी रखकर भी स्त्री के बोझ को कम किया जा सकता है।

आधुनिक पति एक तरफ तो नौकरीपेशा पत्नी की इच्छा रखता है, दूसरी तरफ पूर्णतः घरेलू पत्नी से प्राप्त होने वाले सुख की भी आकांक्षा रहती है। ऐसे में वह भूल जाता है कि दोहरी जिम्मेदारी निभा रही पत्नी के प्रति उसका भी कुछ कर्तव्य बनता है। अधिकांश आधुनिक महिलाएं जो नौकरी के प्रारंभ में गर्व अनुभव करती हैं, धीरे-धीरे यही नौकरी उन्हें बोझ लगने लगती है। इस संदर्भ में मैंने कई नौकरीपेशा महिलाओं से बातचीत करके समस्या की तह तक जाने का प्रयास किया है।

श्रीमती सुनीता अरोड़ा सरकारी कार्यालय में लिपिक के पद पर कार्यरत हैं। पति भी सरकारी नौकरी करते हैं। दोनों सुबह 9 बजे से सायं 5.30 बजे तक कार्यालय में व्यस्त रहते हैं। शाम को लगभग 6 बजे घर पहुंचते हैं। सुनीता बताती हैं कि उनके पति घर पहुंचते ही ऐसे व्यवहार करते हैं, मानो बहुत थक गए हों। सुनीता के शब्दों में, "घर पहुंचते ही मैं चाय बनाती हूं। कई बार इतनी थक जाती हूं कि चाय पीकर लेट जाती हूं, किंतु मेरे पति चाय की खाली प्यालियां कभी नहीं उठाते। मैं ही चाय की प्यालियां उठाऊंगी। घर के काम में सहायता करना तो दूर, बच्चों के स्कूल का 'होमवर्क' करवाने में भी रुचि नहीं लेते। कई बार मन करता है, नौकरी छोड़ दूं, लेकिन इतनी महंगाई में यह संभव नहीं है।"

श्रीमती रेखा अध्यापिका हैं। वह सुबह सात बजे घर से निकलती हैं और दोपहर तीन बजे तक लौटती हैं। उनके अनुभवों में भी कटुता की झलक मिलती है, "मेरे पति द्वारा घर के कामों में मुझे सहयोग की तो कल्पना भी नहीं कर सकते। ऊपर से कहते हैं कि मैं ऑफिस में थक जाता हूं, जबकि तुम सारा दिन कुर्सी पर बैठ कर आ जाती हो। बच्चों को पढ़ाना उनकी दृष्टि में कोई थकान वाला कार्य ही नहीं है।"

कुछ इसी तरह के अनुभव हैं श्रीमती आशा बच्चन के। वह कहती हैं, "मेरा जॉब भी पति की नौकरी की तरह आठ घंटों का है। घर के काम को वह औरतों का काम समझते हैं। हां, घर में कभी धूल-मिट्टी को देखकर अवश्य सुना देंगे कि क्या तुम धूल-मिट्टी भी नहीं झाड़ सकती, लेकिन स्वयं काम करने की ज़हमत नहीं उठाएंगे। उन्हें रात को बिस्तर अच्छी तरह झाड़ा हुआ चाहिए। वह स्वयं नहीं झाड़ेंगे। सुबह पांच बजे से रात के ग्यारह बजे तक मैं अकेले पहिए की तरह इधर-से-उधर घूमती रहती हूं। कभी-कभी तो नौकरी अभिशाप-सी लगने लगती है। इसी के चलते पिछले तीन वर्षों से हाई ब्लडप्रेशर की समस्या रहने लगी है।"

श्रीमती गर्ग बताती हैं कि उनके पति सब्जी काट देते हैं। बच्चों का होमवर्क करवा देते हैं। कभी-कभी चाय भी बना देते हैं। इसी में वे संतुष्ट हैं।

इसके अतिरिक्त कई महिलाओं के अनुभव जानने पर यही लगा कि जिनके पति अपनी नौकरीपेशा पत्नी की घरेलू कार्यों में मदद करते हैं, उनके दांपत्य की नींव अन्यों से ज्यादा मजबूत है। जिन परिवारों में पति और पत्नी दोनों मिलकर कार्य करते हैं, जहां कोई कार्य स्त्री या पुरुष का कार्य नहीं माना जाता, उन परिवारों में वे एक-दूसरे को ज्यादा समय भी दे रहे हैं और एक-दूसरे की नजदीकी भी पा रहे हैं। खन्ना जी का परिवार मुझे इस दृष्टि से पूर्णतः आधुनिक लगा। यहां भी दोनों नौकरीपेशा हैं। खन्ना जी बताते हैं, ''मैं पत्नी के कार्यों में सहयोग थोड़े ही करता हूं। हमने घरेलू कार्यों के संबंध में ऐसी कोई रेखा नहीं खींची है कि अमुक कार्य मेरी पत्नी का है या अमुक मेरा है। घर चलाना हम दोनों की जिम्मेदारी है और हम मिलकर चलाते हैं। मेरे मेहमान आएं, तो मेरी पत्नी चाय बनाती है, लेकिन जब मेरी पत्नी के मेहमान आते हैं, तो मैं चाय बना लाता हूं। इसमें शर्म की कौन-सी बात है? कई बार मेरे मित्र मजाक करते हैं, लेकिन मैं किसी की परवाह नहीं करता। यदि आप आधुनिकता की आड़ लेकर पत्नी से नौकरी करवा सकते हैं, तो घर के कार्यों से खुद परहेज करके स्वयं को रूढ़िवादी ही सिद्ध करते हैं।''

जरा विचार करके देखिए, यदि आप कार्यालय से थके हुए आते हैं, तो आपकी पत्नी को भी थकान रहती होगी। वह कोई मशीन तो है नहीं। आप छुट्टी वाले दिन भी पूरा आराम चाहते हैं, तो क्या पत्नी के लिए एक दिन भी आराम का नहीं जुटा सकते? आपका थोड़ा-सा सहयोग आपकी पत्नी में दोगुना उत्साह भर देगा, लेकिन यदि आप पत्नी से केवल अपेक्षाएं ही करेंगे, तो पत्नी को यही लगेगा कि आप उसके प्रति लापरवाह हैं। उसका ऐसा महसूस करना ही उसका हौसला तोड़ देगा और वह जीवन के प्रति उत्साह खो देगी।

यदि आप चाहते हैं कि आपकी नौकरीपेशा पत्नी हमेशा मुस्कराते हुए तरोताजा मिले और आपकी आवश्यकताओं को भी नज़रअंदाज न करे, तो आपको इस मामले में पूरी तरह आधुनिक होना पड़ेगा। आपको इस धारणा का खंडन करना पड़ेगा कि घरेलू कार्यों की केवल महिलाओं की ही जिम्मेदारी है। अपनी इस धारणा में थोड़ा परिवर्तन लाकर देखिए, सुखद परिणाम आपके समक्ष होंगे।

विभिन्न लोगों से बातचीत करने पर एक बात और भी सामने आई कि कुछ पति नौकरीपेशा पत्नी की कमाई पर अपना अधिकार समझते हैं। यह बिल्कुल ठीक है कि पति-पत्नी के बीच कुछ भी बंटा हुआ नहीं होता। तथापि यदि आप पत्नी का वेतन पकड़ने में जल्दबाजी करते हैं, तो पत्नी को अच्छा नहीं लगेगा। पत्नी को पूरा अधिकार दें कि वह अपने वेतन का प्रयोग अपनी इच्छा से कर सके।

पत्नी का कर्तव्य बनता है कि वह अपना वेतन लाकर आपको दे, तब आपका भी दायित्व है कि आप उसे पत्नी को ही लौटा दें या उसे कहीं नियोजित करने की सलाह दें। यकीन मानिए, जब भी आपको धन की जरूरत होगी, पत्नी सहर्ष आपकी सहायता करेगी।

आर्थिक दृष्टि से सक्षम आधुनिक पत्नी पति से जेबखर्च लेना पसंद नहीं करेगी। अगर आपकी दृष्टि में पत्नी अनावश्यक खर्च करती है, तो भी उससे पैसों का हिसाब-किताब पूछने के लहजे में पेश न आएं, बल्कि सलीके से अपनी पारिवारिक स्थिति सामने रखते हुए अनावश्यक खर्चों को सीमित करने की राय दें, लेकिन याद रखें, राय देने और आदेश देने में बहुत अंतर है। आधुनिक पति की यही पहचान है कि वह पत्नी को पूरे अधिकार दे। अपने व्यवहार से पत्नी को अपना बना लेने वाले पति की हमेशा जीत है, क्योंकि पत्नी का सब कुछ स्वतः ही उसका हो जाता है।

आज से कुछ अरसा पीछे लौटें, तो नारी एक सीमित दायरे में बंधी हुई थी। पारंपरिक छवि में बंधी नारी का तब भी शोषण होता था। आज भी शोषण हो रहा है। बस, फर्क इतना है कि शोषण के कारणों में अंतर आ गया है। पहले सती प्रथा, पर्दा प्रथा, दहेज जैसी विसंगतियों के माध्यम से शोषण होता था और स्त्री को मात्र संतानोत्पत्ति और गृहस्थी चलाने के लिए ही उपयोगी समझा जाता था, पर स्त्री स्वतंत्रता ने आज उसे कामकाजी महिला बना दिया, फिर भी पुरुष की मानसिकता घरेलू कार्यों में स्त्री की सहायता न करके उसे अकेले दोहरे कार्यों में पिसने के लिए छोड़ देती है। दूसरी तरफ वह स्त्री की कमाई पर अपना अधिकार जमाने की भूल करता है। यह शोषण नहीं तो और क्या है?

यहां मुझे अपनी उस मित्र की याद आती है, जो सरकारी कार्यालय में कार्यरत है। उसका पहला बच्चा होने के बाद वह दो महीने मायके में रही। सरकार द्वारा मैटर्निटी लीव मिलती है, जिसका पूरा वेतन दिया जाता है। वह मायके में थी, इसलिए वेतन भी उसके पास था। इसी बीच उसके भाई का जन्मदिन आया। उसने उसे उपहार दे दिया। कुछ रुपए अपनी इच्छा से खर्च भी कर दिए। दो माह बाद जब वह ससुराल गई, तो पति एक-एक खर्चे का हिसाब पूछने लगा। जब उसने खर्चा बता दिया, तो भाई को दिए उपहार पर भी एतराज किया गया। साथ ही नाना-नानी ने जो उपहार नवजात शिशु को दिए थे, उन्हें देखकर कह दिया, "उन्होंने क्या दिया है, यह तो मेरा पैसा मेरे ही मुंह पर मारा है।" उसकी इस ओछी सोच ने मेरी मित्र को इतना आहत किया कि उसे पति से विरक्ति होने लगी। उनके अलगाव ने आज उन्हें अदालत में तलाक हेतु खड़ा किया हुआ है। इस पढ़ी-लिखी

कामकाजी महिला और अनपढ़ घर का काम करने वाली उस बाई में क्या अंतर है, जिसका पति उसे पीटता है और उसका वेतन छीन लेता है। इस आधुनिक पति ने पत्नी पर हाथ ही तो नहीं उठाया। वह पढ़ा-लिखा है, इसलिए शब्दबाण चला कर पत्नी को घायल किया है। क्या इसे आधुनिकता कहेंगे? नहीं, यह अधूरी आधुनिकता है। नौकरीपेशा लड़की से विवाह करके आप आधुनिकता प्रदर्शित करते हैं, वहीं दूसरी ओर पुराणपंथियों की तरह उसे 'डोमिनेट' करने की जुगत भिड़ाते रहते हैं।

आधुनिक युग में समानता और सहअस्तित्व का परिचय देते हुए ही आप गृहस्थ जीवन में सफलता प्राप्त कर सकते हैं।

निश्चय : मैं आज से ही अपनी पत्नी का हृदय से सहयोगी बनने का निश्चय करता हूं।

बुज़ुर्गों के साथ समायोजन करें

एक समय में घर के बुजुर्ग सर्वेसर्वा होते थे। उनकी इच्छा के बिना कोई निर्णय नहीं लिया जाता था। किसी बात का विरोध करने का पारिवारिक सदस्य में साहस नहीं होता था, लेकिन आधुनिक युग की नई पीढ़ी बुजुर्गों के उस दबदबे को स्वीकार नहीं करती, क्योंकि उनकी आधुनिक सोच बुजुर्गों की पारंपरिक सोच का खंडन करने में जरा भी संकोच नहीं करती। ऐसे में आपसी समायोजन और तालमेल का रास्ता ही शेष बचता है।

वर्तमान दौर में बुजुर्ग यथोचित सम्मान से वंचित रह जाते हैं। अपनी ही संतान घर के मालिक को घर से बाहर वृद्धाश्रम में पहुंचा आती है। कल तक जो संतान आज्ञाकारी थी, सामने ज़बान नहीं खोलती थी, आज तिरस्कार करने से भी नहीं चूकती। आखिर ऐसा क्यों होता है? क्या इसे आधुनिक युग की त्रासदी कहेंगे? क्या आधुनिकता के मोहपाश में जकड़ी नई पीढ़ी हर पुरानी वस्तु को नापसंद करती है, भले ही वे घर का बुजुर्ग ही क्यों न हो? इसका कारण आधुनिक शिक्षा है। वर्तमान शिक्षा नैतिक मूल्यों की शिक्षा नहीं देती। आज की शिक्षा क्लर्क से लेकर इंजीनियर बनाने पर जोर देती है, अच्छे नागरिक बनाने पर नहीं। न्यूकिलियस परिवार यानी एकल परिवार को भी इसका कारण मान सकते हैं। एकल परिवारों में माता-पिता के पास समयाभाव रहता है। वे संयुक्त परिवारों में दादा-दादी की तरह कहानियों के माध्यम से बच्चों को नैतिक मूल्य नहीं सिखा पाते। दूसरे, कई परिवारों में जब बुजुर्ग अपनी पुरानी सोच को अपने आधुनिक बच्चों पर थोपने का प्रयास करते हैं, तो वे उनकी खीझ का शिकार बनते हैं। बुजुर्ग अपनी आउटडेटेड विचारधारा को छोड़ने को तैयार नहीं होते और अपनी संतान से भी उसी विचारधारा के अनुसार व्यवहार की अपेक्षा करते हैं, तो उनके बीच तनाव पैदा होने लगता है। संबंधों के इस तनाव का अंत अलगाव में होते देर नहीं लगती।

आधुनिक दौर तेज़ रफ़्तार का ज़माना है। बुजुर्ग यदि अपनी धीमी विचारधारा से नई पीढ़ी की संतान के मार्ग में अवरोधक सिद्ध होते हैं, तो यह पीढ़ी उन्हें बर्दाश्त

नहीं कर पाती। इसे चाहे आधुनिक युग के युवाओं के नैतिक मूल्यों का क्षय कहें या कोई अन्य संज्ञा दें, समस्या तो समस्या है। अगर मैं नई पीढ़ी से कहती हूं कि पूरी तरह पुरानी पीढ़ी की बातें मानो, तो स्वयं कई बार वृद्धों की दकियानूस सोच से खिन्न हो जाती हूं। दूसरी ओर यदि मैं बुजुर्गों से कहती हूं कि आप पूरी तरह बदल जाएं, तो यह भी संभव नहीं है। बुजुर्ग अब तक इतने वर्ष जिस सामाजिक परिवेश में रहे हैं, उसी के अनुसार उनकी विचारधारा संचालित हुई है। अब वर्षों तक वे जिस सोच के समर्थक रहे हैं, उससे एकाएक बाहर नहीं आ सकते। इसलिए दोनों पीढ़ियों को आपस में सामंजस्य स्थापित करने का प्रयास करना चाहिए। इसी संदर्भ में मैंने कई परिवारों से बातचीत की और इस निष्कर्ष पर पहुंची–

बजुर्गों से बातचीत

- अपने बच्चों को बड़ा होने दें। उन पर जिम्मेदारियां डालें। सामाजिक लेन-देन में उन्हें स्वयं निर्णय लेने के लिए प्रेरित करें। ऐसा न सोचें कि ऐसा करने से आपके परिवार में आपकी अहमियत कम हो जाएगी।
- सदैव रोक-टोक न करें। आपकी दृष्टि में आपका पुत्र तब भी बच्चा ही रहेगा, जब वह पिता बन चुका होगा। यदि अब भी आप उससे एक बच्चे की तरह व्यवहार करेंगे, तो उसे अच्छा नहीं लगेगा।
- आपको सरकार ने रिटायर कर दिया, किंतु यदि अब भी आप घर के खजांची बने हुए हैं, तो ग़लती पर हैं।
- यदि आपके पुत्र या बहू की दृष्टि में आपका अतिरिक्त लाड़-प्यार पोता-पोती को बिगाड़ रहा है, तो आप अपने व्यवहार का मूल्यांकन करें। यह ठीक है कि 'मूल से ब्याज प्यारा' होता है, लेकिन ध्यान रहे, कहीं यह प्यार आपको अपने पुत्र से ही दूर न करने लगे।
- यह अपेक्षा न करें कि घर के हर छोटे-बड़े निर्णय आपसे पूछ कर ही लिए जाएं।
- बिना मांगे हर कार्य में सदैव सलाह न देते रहें, अन्यथा आपकी स्थिति उस उपदेशक जैसी बन जाएगी, जिसके उपदेश का किसी पर कोई असर नहीं होता।
- यदि आप पुत्र के पिता हैं, तो बहू के सामने 'लड़के वाले' होने का अभिमान न पालें। जमाना बदल चुका है। इसलिए यदि कभी संबंधियों से मिलें या उनके घर जाएं, तो उनके व्यवहार की मीन-मेख निकालने से बचें।

- आपके लिए अपने दोनों पुत्र समान हैं, लेकिन एक पुत्र के घर की बात दूसरे पुत्र से न करें।

- आधुनिक परिवारों में जहां महिलाएं भी कामकाजी हैं, वहां उनसे यह अपेक्षा न करें कि वे आपके समय की महिलाओं की तरह गृह-कार्य में उतनी ही दक्ष होंगी।

- अतिरिक्त समय में घर के हलके-फुलके कार्य करके उनकी सहायता करें, लेकिन इसके लिए बार-बार बच्चों पर एहसान न जताएं।

- जब आपके बच्चे आपको अपने मित्रों से मिलवाएं, तो शिष्टाचारवश उनका कुशलक्षेम पूछकर दूसरे कमरे में चले जाएं। उनकी बातों में रस लेते हुए वहीं बैठने की ग़लती न करें।

नई पीढ़ी से बातचीत

- माना कि आपको बुजुर्गों की कई आदतें पसंद नहीं। इसके लिए उनका तिरस्कार न करें। वर्षों की आदतें इतनी पक चुकी होती हैं कि उन्हें छोड़ना आसान नहीं होता।

- परिवार संबंधी महत्वपूर्ण निर्णय लेते समय बुजुर्गों की राय लेना न भूलें। इसके दो लाभ होंगे। एक तो आपको उनके वर्षों के अनुभवों से लाभ होगा, दूसरे बुजुर्गों को भी इस बात की खुशी होगी कि आप उन्हें यथोचित सम्मान दे रहे हैं।

- आप नौकरीपेशा हैं, इसलिए अपने बच्चों को संभालने की सारी जिम्मेदारी बुजुर्गों पर न डालें, उन्हें भी अपने लिए समय चाहिए। आप अपनी जिम्मेदारियों को स्वयं संभालें।

- अगर बुजुर्ग कोई नसीहत दें, तो उनकी गहराई तक जाने का प्रयास करें। उनकी सलाह को नज़रअंदाज न करें।

- बुजुर्गों को कुछ समय जरूर दें। उनके साथ बैठकर प्रेम पूर्वक बातचीत करें। इससे आप उनके अनुभवों से कुछ सीखेंगे भी और आपके बुजुर्गों को भी अच्छा लगेगा।

- बुजुर्गों द्वारा की गई किसी भी प्रकार की सहायता के लिए उनका धन्यवाद करें। याद रखें, आपके बुजुर्गों ने अपनी जिम्मेदारियां बखूबी वहन की हैं। अब घर को चलाना आपकी जिम्मेदारी है।

- घर आए मेहमानों से बुजुर्गों का परिचय जरूर करवाएं। मन में यह भाव न लाएं कि आपको बुजुर्ग आउटडेटेड लगते हैं। उन्होंने अच्छे कपड़े नहीं पहन रखे या बालों में कंघी नहीं की अथवा वे गांव की बोली बोलते हैं, इस तरह की सोच को हावी न होने दें। बुजुर्ग ऐसे ही होते हैं।

सबसे बड़ी बात यह कि अपने बुजुर्गों को नए चाल-चलन, तौर-तरीकों और बोल-चाल से परिचित कराएं, पर उन पर यह सब थोपें नहीं, फिर देखें पीढ़ियों का संघर्ष अपने आप टल जाएगा।

वचनबद्धता–

बुजुर्ग : मैं वचन देता हूं कि छोटे-छोटे पारिवारिक मसलों पर बिना मांगे अपनी राय नहीं थोपूंगा, बल्कि नई पीढ़ी को पूरी स्वतंत्रता दूंगा।

नई पीढ़ी : हम वचन देते हैं कि हम बुजुर्गों को पूरा सम्मान देंगे और उनके अनुभवों से लाभ प्राप्त करने के पूरे प्रयास करेंगे।

अंधी दौड़ से बचें

क्या आप मशीनी जीवन जीते हुए खुश हैं? नहीं, आप खुश नहीं हो सकते, क्योंकि आप मशीन नहीं हैं, क्योंकि आप संवेदनशील इनसान हैं। आपका हृदय है, भावनाएं हैं। सुख-दुख को आप महसूस करते हैं, तब आपने इस अंधी दौड़ में शामिल होकर स्वयं को एक मशीन क्यों समझ लिया?

इस आधुनिक युग में प्रत्येक व्यक्ति दौड़ रहा है। लगातार दौड़ रहा है। ऐसा लगता है, मानो दौड़ ही नियति बन गई हो। जो नहीं दौड़ रहा, वह अलग-थलग, निष्क्रिय-सा दिख रहा है। प्रतीत होता है, मानो उसका जीवन रुक-सा गया हो। वह दौड़ नहीं रहा या दौड़ नहीं सकता, इस बात की हीनता के बोध की झलक उसके चेहरे पर स्पष्ट दिखाई देती है। जो दौड़ेगा नहीं, वह पीछे रह जाएगा, लेकिन जो अंधाधुंध दौड़ेगा, उसकी ठोकर खाकर गिरने की संभावना हमेशा बनी रहेगी। निश्चित रूप से दौड़ना तो जरूरी है, लेकिन यह अंधी दौड़ नहीं होनी चाहिए।

पाश्चात्य संस्कृति से प्रभावित युवा शीघ्रातिशीघ्र अपनी मंजिल पा लेने के लिए लालायित है, लेकिन उसे यह नहीं पता कि उसकी मंजिल कौनसी है। ऐसे युवा मंजिल की ओर दौड़ते तो हैं, लेकिन उनकी यह दौड़ लक्ष्यहीन साबित होती है। इस अंतहीन दौड़ में वे अपने परिवार से भी टूटने लगते हैं, क्योंकि स्वतंत्रता चाहते हैं। अगर पारिवारिक सदस्य उनकी विवेकहीन दौड़ पर अंकुश लगाते हैं, तो उन्हें सहन नहीं होता। वे जिसे स्वतंत्रता का नाम देते हैं, धीरे-धीरे वह स्वच्छंदता में बदलने लगती है। स्वच्छंद व्यक्ति के व्यवहार में बेहद लापरवाही झलकने लगती है। लापरवाह जीवन और लक्ष्यहीन दौड़ व्यक्ति के पतन का कारण बन जाती है।

कम समय में बहुत अधिक पाने की ललक ही व्यक्ति को अंधाधुंध भागने के लिए विवश करती है, लेकिन इस अंधी दौड़ में हासिल कुछ भी नहीं हो पाता। जो उपलब्ध होता है, उसके लिए व्यक्ति इतनी कीमत अदा कर बैठता है, जो उस उपलब्धि के लिए बहुत अधिक होती है।

अच्छी नौकरी पाने के लिए अच्छी डिग्री हासिल करना, नौकरी मिल जाने पर तरक्की पाने के लिए दिन-रात परिश्रम करना अंधी दौड़ नहीं है। उन्नति पाने के लिए इतना तो करना ही पड़ता है, लेकिन एक उन्नति पाने के बाद दूसरी उन्नति, तीसरी उन्नति, चौथी उन्नति...! इस तरह तो जीवन का एकमात्र ध्येय उन्नति पाना ही बन जाए और इसी में व्यक्ति सुध-बुध खोने लगे और संवेदनहीन बन जाए, तो उसे अंधी दौड़ ही कहेंगे। जहां संवेदनहीनता आ जाए, समझिए व्यक्ति जीवन जी नहीं रहा, बल्कि व्यतीत कर रहा है। ऐसे में व्यक्ति को स्व-मूल्यांकन करना चाहिए।

आधुनिक युग भौतिकवादी है। अधिकांश व्यक्ति भौतिक सुखों की ओर भाग रहे हैं। वे भौतिक उपलब्धियां हासिल भी कर लेते हैं, लेकिन उन भौतिक संसाधनों को पाने के लिए उनकी दिनचर्या इतनी व्यस्त हो जाती है कि उन उपलब्धियों से मिलने वाला सुख उठाने का समय ही नहीं मिल पाता। विचार करें कि ऐसी उपलब्धियों का, जब इतने परिश्रम से हासिल किए गए संसाधनों का सुख उठाने का भी समय प्राप्त न हो, तो व्यक्ति का तनावग्रस्त होना स्वाभाविक है। इस तरह यदि हम कहें कि अंधी दौड़ से तनाव पैदा होता है, तो कुछ ग़लत न होगा। आइए कुछ दृश्यों का मूल्यांकन करें–

दृश्य 1: एक व्यक्ति कपड़े का व्यापारी है। वह अपने व्यापार को बढ़ाने के लिए दिन-रात परिश्रम करता है। आज उसकी गिनती सफल व्यापारियों में है। उसकी कपड़ों की दो मिलें हैं। सैकड़ों वर्कर उसके अधीनस्थ कार्यरत हैं। उसके पास समय का हमेशा अभाव रहता है, किंतु फिर भी वह तीसरी कपड़ा मिल खोलना चाहता है। घर-परिवार के लिए पहले ही उसके पास समय नहीं। उसे किसी मित्र के खुशी या गम के अवसर पर जाने का भी अवकाश नहीं। इसकी जिम्मेदारी उसने अपनी पत्नी पर डाली हुई है। रात-दिन वह हिसाब-किताब में डूबा रहता है। रात को ठीक से नींद नहीं आती। वह नींद की गोली खाकर सोता है। अगर आधी रात को नींद टूटती है, तो पुनः नींद नहीं आती और वह सफल व्यापारी अपनी फैक्ट्री के कागजात खोलकर बैठ जाता है।

दृश्य 2: एक विद्यार्थी है। वह दिन-रात परिश्रम करता है। उसका एकमात्र लक्ष्य अधिक अंक लेना है। वह हमेशा अपनी कक्षा में प्रथम आता है। एक या दो अंक कम आने से अगर वह द्वितीय स्थान हासिल करता है, तो उसे तनाव हो जाता है। उस पर निराशा छाने लगती है। उसके पास न तो खेलने का समय है और न ही कोर्स की किताबों के अलावा अन्य किसी विषय को पढ़ने में रुचि है।

दृश्य 3: एक महिला कार्यालय में कार्यरत है। उस पर घर-परिवार की पूरी जिम्मेदारी है। सुबह आठ बजे से सायं छः बजे तक घर से बाहर रहती है। शेष समय जो घर में बिताती है, वह घरेलू कार्यों में बीत जाता है। छुट्टी वाले दिन भी उसे घरेलू कार्यों से फुर्सत नहीं मिलती। कभी छोटी-मोटी बीमारी हो, तो भी मेडिकल छुट्टी नहीं लेती, क्योंकि छुट्टियां उस समय के लिए बचाकर रखना चाहती है, जब उसे छुट्टी की अति आवश्यकता हो।

अब इन तीनों दृश्यों का मूल्यांकन करें। पहले दृश्य में व्यापारी अंधी दौड़ में शामिल है। वह यह नहीं जानता कि धन सुख प्राप्त करने के लिए कमाया जाता है। वह सुखों की आहुति देकर धन कमा रहा है। उसके पास अपनी पत्नी और बच्चों के लिए भी समय नहीं है। इसमें हैरानी वाली कोई बात नहीं होगी, यदि उसका धन उसके बच्चों को दिग्भ्रमित कर दे। इससे बच्चों के बिगड़ने की संभावना बढ़ जाती है। कारण यह कि बच्चों को पिता का सान्निध्य और मार्गदर्शन नहीं मिल पाता।

दूसरे यह व्यक्ति बच्चों को खुला जेब खर्च देगा, क्योंकि यह स्वयं तो भौतिक सुखों का भोग नहीं कर रहा, इसलिए यह अपने बच्चों को पूर्णतः अभावहीन रखकर ही खुशी प्राप्त करने की सोचेगा। बच्चे धन के महत्व को न समझकर फिजूलखर्ची करके दूसरों पर अपना प्रभाव जमाएंगे और ग्लैमर-भरी जिंदगी की ओर आकर्षित हो जाएंगे। उधर इस कपड़ा व्यापारी का स्वास्थ्य दिन पर दिन गिरता जा रहा है। संभव है, जब इसे आभास हो कि इसके बच्चे भी ग़लत दिशा में जा रहे हैं, तो इसका अस्वस्थ शरीर इस बात को सह न सके और इसे एक दिन दिल का दौरा पड़ जाए।

विचार करें, क्या लाभ है इस अंधी दौड़ का, जिसमें सब कुछ पाकर भी कुछ न मिले? ऐसे व्यक्ति खुशी के कुछ क्षण पूरी दौलत से भी नहीं खरीद पाते। इस संदर्भ में मुझे एक लोक-कथा याद आती है। समुद्र के किनारे आराम से लेटे हुए व्यक्ति को देखकर एक राहगीर उससे कहता है, ''मैं तुम्हें दो घंटों से यहां समुद्र के किनारे धूप में लेटे देख रहा हूं। बेहतर होता यदि तुम इन दो घंटों को धन कमाने में लगाते, तो तुम्हारी आर्थिक स्थिति सुधरती।'' इस व्यक्ति ने कहा, ''फिर क्या होता?'' राहगीर ने कहा, ''आज तुम्हारी दुकान है। कल तुम शोरूम के मालिक हो सकते हो।'' इस व्यक्ति ने फिर उसी सरलता से पूछा, ''फिर क्या होता?'' राहगीर ने समझाते हुए कहा, ''फिर क्या भाई, तुम लगातार मेहनत करो, तो तुम्हारी अपनी फैक्ट्री हो सकती है।'' इस आदमी ने फिर उसी लहजे में कहा, ''फिर क्या होगा?'' राहगीर बोला, ''फिर तुम्हारे अधीन सैकड़ों लोग काम करेंगे

और तुम आराम से समुद्र के किनारे बैठ कर आनंद लेना।'' इस आदमी ने हंसते हुए कहा, ''आप इतना कुछ करने के बाद जिस आनंद लेने की बात कर रहे हैं, वह आनंद तो मैं अभी ले रहा हूं।'' हम लोग अकसर यही करते हैं। अंधी दौड़ में इस आशा से शामिल हो जाते हैं कि इस बिंदु तक पहुंच कर खुशी अनुभव करेंगे, लेकिन जब वहां पहुंच जाते हैं, तो एक नया बिंदु तय कर लेते हैं। उक्त व्यापारी की भी यही स्थिति है। वह अधिक सुखी होने के लिए लगातार दौड़ रहा है। दौड़ते-दौड़ते थक जाता है, लेकिन दौड़ना नहीं छोड़ता। थकान से नींद खत्म हो रही है, लेकिन दौड़ खत्म नहीं होती। इसे ही कहते हैं अंधी दौड़।

दूसरा दृश्य उस विद्यार्थी का है, जिसने स्वयं को अपने आस-पास के वातावरण से काटकर मात्र अपने पाठ्यक्रम को ही अपना सर्वस्व मान लिया है। ऐसे विद्यार्थी भी अंधाधुंध दौड़ते हैं। उन्हें ठीक-ठीक मंजिल का भी बोध नहीं होता। अंक कम आने पर निराश, ज्यादा कम आने पर अवसाद ग्रस्त हो जाते हैं और छोटी-सी असफलता पर आत्महत्या तक का कदम उठा लेते हैं। इस विद्यार्थी की दौड़ सार्थक हो जाती, यदि वह अपने मानसिक विकास का भी ध्यान रखता, लेकिन यह अधूरी शिक्षा उसे मात्र दौड़ने के लिए प्रेरित करती है। ऐसे विद्यार्थियों की स्थिति उस यात्री के समान है, जिसे यात्रा करने की आदत बन गई हो और वह भूल गया हो कि उसे जाना कहां है? किताबी कीड़े बनकर जिंदगी की जंग नहीं जीती जा सकती।

तीसरा दृश्य कामकाजी महिला का है, जो बीमार होने पर भी छुट्टी नहीं लेती। यह महिला आज छुट्टियां बचाएगी, नौकरी करके पैसे कमाएगी, अधिक काम करते हुए जब अस्वस्थ हो जाएगी और सामर्थ्य जवाब दे देगा, तब नौकरी से ही छुट्टी हो जाएगी और कमाया धन डॉक्टर को दे आएगी। यह है मशीनी जीवन। क्या लाभ ऐसे मशीनी जीवन का? यह ठीक है कि आधुनिक जीवन शैली में व्यस्तता बढ़ गई है, किंतु जीवन में इतना भी व्यस्त नहीं होना चाहिए कि स्वयं के लिए भी समय न निकाल सकें। एक बात गांठ बांध लेना कि 'जान है, तो जहान है'। दूसरे कि हम संवेदनशील इनसान हैं, हंसना, खेलना, रोना सब जरूरी है। जीवन को मशीनी बनाकर सुखी नहीं हुआ जा सकता। हमारे जीवन का एक ही उद्देश्य होना चाहिए, सुखी होना। सुख अंधी दौड़ या मशीनी जीवन से हासिल नहीं हो सकता।

आधुनिक युग की दौड़ में थका हुआ और तनावग्रस्त इनसान कई बार जीवन से निराश होने लगता है। अपनी दिनचर्या पर गौर करें। रोज एक सी मशीनी दिनचर्या को थोड़ा बदलें। खिलते हुए फूलों को देखें। चहकते हुए पक्षियों को सुनें। प्रकृति के मधुर उपहारों को महसूस करें। हवा के शांत झोंकों के बीच आप अपना तनाव समाप्त होता हुआ पाएंगे।

कुछ समय पूर्व अपने अति व्यस्त क्षणों में मैं भी स्वयं को थका-थका महसूस कर रही थी। स्वयं को तनावमुक्त करने के लिए मैं पास के ही सार्वजनिक पार्क में चली गई। पतझड़ का मौसम था। पेड़ पत्ते छोड़ रहे थे। पेड़ों के नीचे बहुत से पत्ते पड़े हुए थे। उस दिन पास के ही गांव के बच्चे वहां खेलने आए हुए थे। वे पत्तों की ढेरियां बना रहे थे। जब सभी ने अपनी-अपनी ढेरी बना ली, तो एक-दूसरे पर पत्ते फेंककर हंसने लगे। मैं सब कुछ भूलकर उनमें शामिल हो गई और पत्ते उठाकर उन पर फेंकने लगी। उन्होंने सहज ही मुझे भी अपने खेल में शामिल कर लिया। केवल 10 मिनट मैंने उनके साथ व्यतीत किए। 10 मिनट बाद मैंने स्वयं को बहुत हलका महसूस किया।

अपने व्यक्तिगत अनुभवों के आधार पर इतना ही कहूंगी कि जब दौड़ते-दौड़ते थक जाएं, तो रुककर आराम कर लें। सदा के लिए रुक जाने से हानि होती है। रुक-रुककर चलने से तो आनंद मिलता है। जिस तरह नदी का रुका हुआ जल सड़ने लगता है, उसी प्रकार नदी में आई उफनती हुई बाढ़ भी हानि पहुंचाती है। मंजिल संतुलित चाल चलने से ही मिलती है।

प्रतिज्ञा : हम प्रतिज्ञा करते हैं कि हम अपने जीवन को दौड़ का मैदान नहीं समझेंगे, बल्कि इस सोच को कायम करेंगे कि जिस जीवन में प्रसन्नता, सहजता और आनन्द नहीं, वह जीवन अधूरा है।

नया सोचें, बढ़िया बोलें

आधुनिक दौर में प्रत्येक व्यक्ति अपनी अलग पहचान बनाने का इच्छुक है । अपना अस्तित्व कायम करने में हम कहां तक सफल होते हैं, यह हमारे प्रयासों पर निर्भर करता है, लेकिन इस सत्य को झुठलाया नहीं जा सकता कि यदि प्रयास सच्चे दिल से किए गए हों, तो सफलता में कोई दोराय नहीं रहती ।

मुझे याद आता है कि एक हिन्दी फिल्म में हीरो को गांववासी दिखाया गया था और वह शहरी हीरोइन को प्रभावित करने के लिए शहरी वस्त्र पैंट, कोट, हैट, टाई पहन कर उसके समक्ष जाता है । हालांकि वह शहरी वस्त्र पहन लेता है, लेकिन उसके हाव-भाव और बोलचाल के ढंग से स्पष्ट पता चलता है कि वह अनपढ़ गांववासी है । तब हीरोइन उसे कहती है, ''यदि तुम गूंगे होते, तो कोई भी लड़की तुम पर मर मिटती ।'' हम सब ऐसे फिल्मी दृश्य देखकर बहुत प्रसन्न होते हैं, लेकिन वास्तविक जीवन में स्वयं ऐसा ही व्यवहार करते हैं । हम आधुनिक बनने के लिए वेषभूषा और भाषा की नकल तो कर लेते हैं, लेकिन हमारा व्यवहार और सलीका हमारी पोल खोल देता है । हमें आभास भी नहीं होता कि हम जिनकी नकल करके स्वयं को सर्वोच्च समझ रहे थे, वे हमारे ऐसे आचरण पर हंस रहे हैं ।

पाश्चात्य किस्म का अंधानुकरण करके हम स्वयं की स्थिति उस कौए की तरह बना लेते हैं, जो हंस की चाल से प्रभावित होकर उसकी चाल चलने लगा और अपनी चाल भी भूल गया । अंधानुकरण से हम न तो पूरी तरह विदेशी संस्कृति अपना पाते हैं और न ही अपनी संस्कृति की छाप हमारे आचरण से झलकती है । देखा जाए तो इस आधुनिक युग में व्यक्ति की अपनी अलग पहचान ही उसे आधुनिक घोषित कर देती है ।

विचार करें, हम नए फैशन के वस्त्र क्यों पहनते हैं? हम क्यों चाहते हैं कि जैसे डिजाइन के वस्त्र हमने पहने हों, दूसरों के पास उस डिजाइन के वस्त्र न हों? हम

अपने जूतों का डिजाइन भी सबसे अलग चाहते हैं। यहां तक कि आधुनिक माता-पिता अपने बच्चों के भी ऐसे नए नाम रखना चाहते हैं, जो ज्यादा प्रचलित न हों। ये सब बातें इस ओर इंगित करती हैं कि हम दूसरों से अलग दिखना चाहते हैं। हम अपनी एक पहचान बनाना चाहते हैं। अपनी आधुनिक छवि बनाने के लिए हमें नई सोच को अपनाना होगा। पुरानी दकियानूसी मान्यताओं को तोड़ने की पहल करने का साहस जुटाना होगा।

मेरे जानकार चांदना साहब की पत्नी का देहांत हो गया। उनके तीन बच्चे हैं, दो पुत्र और एक पुत्री। तीनों बच्चे विवाहित हैं। चांदना साहब दादा भी बन चुके हैं। जब मैंने सुना कि इस उम्र में उन्होंने दूसरा विवाह कर लिया, तो एकाएक मेरे मुंह से निकला, "इस उम्र में उन्हें क्या सूझी?" यह जानकर मुझे और भी हैरानी हुई कि उनके लिए पत्नी ढूंढ़ने के कार्य में उनकी बड़ी बहू ने उन्हें पूरा सहयोग दिया। जब मैं उनकी बहू से मिली, तो उसने बताया, "इस उम्र में विवाह करने में बुराई तब होती, जब पापा जी किसी कम उम्र की लड़की से विवाह करते। देखा जाए, तो बुढ़ापे में ही साथी की जरूरत होती है, फिर हमने जिन्हें नई मां के रूप में चुना है, वह भी विवाह की इच्छुक थीं। उम्र के इस मोड़ पर, उन्हें भी साथी की जरूरत थी। हमें अच्छा नहीं लगता था कि हम लोग तो रात को खाना खा कर अपने-अपने कमरे में बैठकर टी.वी. देखते और पापा अकेले कमरे में बैठे बोर होते रहते। हमने ही पापा को पुनर्विवाह के लिए मनाया। मैं इसमें कोई बुराई नहीं मानती। जमाना हंसता है, तो हंसे। पापा अब खुश हैं। हम भी खुश हैं।" मुझे उसकी बातें सुनकर लगा कि यही है आधुनिक सोच। अब से पहले मैं भी चांदना जी के विवाह को सहज भाव से नहीं ले पाई थी, लेकिन उनकी बहू से बात करके मेरी धारणा ही बदल गई। अगले दिन मैं चांदना जी को बधाई देने गई, तो उनके चेहरे की मुस्कराहट देखकर मुझे भी अच्छा लगा।

विवाह दो शरीरों का ही मेल नहीं, बल्कि दो दिलों का भी मेल होता है। दो व्यक्ति यदि अधेड़ावस्था में अपने अकेलेपन से परेशान हैं और गृहस्थी बसाना चाहते हैं, एक-दूसरे का सहारा बनना चाहते हैं, तो समाज को उसे सहर्ष मान्यता देना चाहिए। याद रखें, जब भी कोई पुरानी सामाजिक परंपरा को तोड़ता है, तो उसे आलोचना सहनी पड़ती है, किंतु यदि हमारी नीयत और उद्देश्य बुरा नहीं है, तो हमारे आलोचक भी धीरे-धीरे हमारे प्रशंसक बन जाएंगे। एक समय सती प्रथा का था। वह सामाजिक परंपरा ग़लत थी। उसका बहिष्कार किया गया। जब राजा राममोहनराय ने इस प्रथा के विरोध में आवाज उठाई होगी, तो उनके आलोचकों की कमी नहीं होगी, लेकिन उन्होंने इस कुप्रथा के विरुद्ध संघर्ष किया और आज समाज उनके कार्य की महानता की कद्र करता है। वर्तमान युग में वे युवक-युवतियां जो दहेज के

विरुद्ध आवाज उठा रहे हैं और दहेज न लेने, न देने के प्रण को अमल में ला रहे हैं, वे स्वयं के आधुनिक होने का प्रमाण भी प्रस्तुत कर रहे हैं। इसी तरह आधुनिक युग की मांग है कि विवाह जैसी पवित्र रस्म को सादगी से संपन्न किया जाए। व्यर्थ के अपव्यय से बचा जाए। इस संदर्भ में जो युवा कदम उठाएंगे, वे ही सच्चे अर्थों में आधुनिक कहलाएंगे। विचार किया जाए, तो घोड़ी पर बैठे दूल्हे के आगे शराब पीकर नाच-गा कर प्रसन्नता का इजहार करना कहां तक सभ्य है। भारत जैसे विकासशील देश में आज भी ऐसे असंख्य लोग हैं, जो गरीबी की रेखा से नीचे जीवन यापन करने को विवश हैं। एक समय के भोजन के लिए देह बेचने वाली महिलाओं की भी कमी नहीं। हमारे देश में ऐसे भी इलाके हैं, जहां के लोग जबरदस्त भुखमरी के शिकार हैं। एक तरफ हम आधुनिकता की चकाचौंध में खो रहे हैं, दूसरी ओर हमारे देश में आदिवासी जातियां अब भी पिछड़ेपन की जीवंत उदाहरण हैं। युवाओं को चाहिए कि विवाहादि पर अनावश्यक दिखावे से बचें और अपव्यय को बचाएं। कुछ राशि समाज कल्याण के कार्यों में लगाकर धन का सदुपयोग करें। यदि विवाहादि पर होने वाले अपव्यय का एक चौथाई भाग भी सार्थक कार्यों में लगा दिया जाए, तो यह एक बहुत बड़ी उपलब्धि होगी। युवावर्ग ऐसी सोच को अमल में लाकर आधुनिकता की नई मिसाल कायम कर सकता है।

मात्र भाषण देने से सामाजिक वर्जनाएं समाप्त नहीं की जा सकतीं। जब तक हम स्वयं पहल नहीं करेंगे, तब तक कोई परिवर्तन नहीं ला सकते। मैं आपसे सादगीपूर्ण विवाह संपन्न करने की बात कह रही हूं। सर्वप्रथम इस पर मैंने स्वयं अमल किया। हालांकि मेरी इस सादगी का खामियाजा मुझे लंबे समय तक भुगतना पड़ा। मेरे कई करीबी मित्र शादी में न बुलाए जाने पर नाराज हो गए। कुछ लोगों द्वारा मेरे मायके पक्ष की आर्थिक स्थिति को प्रश्नात्मक दृष्टि से देखा जाने लगा। मुझे तब दुख हुआ, जब मेरे ससुराल वालों ने मेरी सादगी के ग़लत अर्थ निकालने प्रारंभ कर दिए, लेकिन मुझे आज भी अपने फैसले पर पश्चात्ताप नहीं है। मैं इस बात से बिल्कुल निराश नहीं हूं कि मुझे मेरी भावनाओं को ठीक से समझने वाले लोग नहीं मिले, बल्कि इस बात का विश्वास है कि अगर मेरा उद्देश्य दोष पूर्ण नहीं है, तो भावी परिणाम भी सार्थक होंगे।

दूसरे भीड़ में अलग पहचान बनाने के लिए हमारे व्यक्तित्व में एक आकर्षण भी होना चाहिए। हमारी आत्मविश्वास से परिपूर्ण छवि भी इसमें सहायक होगी। व्यक्तित्व में आकर्षण के लिए सर्वप्रथम हमें अपनी बोलचाल के ढंग पर गौर करना चाहिए। विचार करें कि क्या आपकी बातचीत का ढंग दूसरों को प्रभावित करता है? यदि नहीं, तो ऐसा करने के लिए स्वयं को तैयार करें। शीशे के सामने खड़े होकर कुछ

वाक्य कहें । बोलते समय अपने चेहरे की भाव-भंगिमाओं पर गौर करें । टेपरिकॉर्डर में अपनी आवाज रिकार्ड करें । उसे सुनकर अपने उच्चारण पर गौर करें । इसके बाद कुछ मित्रों के बीच अपनी बात को एक निश्चित अंदाज से रखें । विचार गोष्ठियों में भाग लें । ऐसी विचार गोष्ठियों का आयोजन आप स्वयं भी कर सकते हैं । किसी सार्वजनिक स्थल पर किसी सामाजिक विषय पर अपने विचार प्रस्तुत करने के लिए मित्रों को आमंत्रण दें । आप देखेंगे कि धीरे-धीरे आपके बोलने के ढंग में आश्चर्यजनक परिवर्तन आने लगा है । लोग आपकी बात को ध्यान से सुनने लगे हैं । आप विश्वास करें, एक दिन जब आपको भीड़ के बीच में भी बोलने का अवसर मिलेगा, तो आप बेझिझक बोल पाएंगे । ऐसा करने से आपके बोलचाल के ढंग में ही नहीं, बल्कि आपके विचारों और सोचने के ढंग में भी सकारात्मक शोधन होगा, क्योंकि अच्छा वक्ता बनने के लिए अच्छे विचारों का होना भी बेहद जरूरी है ।

आपका प्रस्तुतिकरण अच्छा हो जाएगा, तो आपको प्रत्येक दिशा में सफलता मिलनी प्रारंभ हो जाएगी । कार्यालय में आप अपने बॉस के समक्ष अपने कार्य को अच्छी तरह प्रस्तुत करेंगे, तो आपको उन्नति मिलेगी । विद्यार्थी हैं, तो अच्छा प्रस्तुतिकरण करने पर आपको अध्यापकों से प्रशंसा मिलेगी । आपकी अपनी पहचान होगी, जो आपका मार्ग प्रशस्त करेगी । सफलता की सीढ़ियां चढ़ने वाला इनसान स्वतः ही आधुनिक कहलाएगा । ऐसे में आपको आधुनिक दिखने के लिए कुछ विशेष नहीं करना पड़ेगा । आप अपनी सोच, व्यवहार और शैली से आधुनिक ही नहीं, नंबर वन कहलाएंगे । क्या नंबर वन होना आपका सपना नहीं है? यदि है, तो हंस की चाल का अनुकरण न करते हुए स्वयं की चाल में वह मस्ती पैदा कीजिए कि आप शान से कह सकें, जमाना हम से है, हम जमाने से नहीं ।

प्रण : हम प्रण करते हैं कि हम अपनी आधुनिक सोच में आधुनिक ढांचे के प्रयास करेंगे ।

कुंठित धारणाओं से छुटकारा पाएं

अंधविश्वास, पाखंड, ढोंग या वहम ये सब आधुनिक युग में बेमानी बातें हैं, किंतु फिर भी हम अंधविश्वासों में फंस जाते हैं। हमारे अंधविश्वास या वहम हमारी मानसिक कमजोरी को ही प्रदर्शित करते हैं। मार्ग के सबसे बड़े अवरोधक हैं अंधविश्वास। आइए, इनसे मुक्ति पाकर उन्नति के मार्ग के अवरोधों को दूर करने का प्रयास करें।

दुख होता है, जब आधुनिक कहलाने वाले युवा भी अपनी असफलताओं के लिए परिस्थितियों, अभावों, व्यवस्था, भाग्य, ग्रहों आदि को दोष देते हैं। वर्तमान संदर्भों में ये सब बातें कोई अर्थ नहीं रखतीं। यदि आप किसी समस्या से ग्रस्त हैं, तो अपने विवेक से अपनी समस्या का हल स्वयं निकाल सकते हैं। कर्मों का तुरंत भुगतान ही मॉडर्न सोच है। आधुनिक सोच वाला व्यक्ति कभी भी अपनी असफलता का दोष अपने भाग्य या ग्रहों को नहीं देगा। अपनी असफलताओं के लिए हम स्वयं दोषी हैं। सफल होने के लिए हमें स्वयं ही प्रयास करने होंगे।

क्या आप उन राजनेताओं को आधुनिक कह सकते हैं, जो चुनाव जीतने के लिए ज्योतिषियों के चक्कर काटते हैं अथवा भविष्यवाणियों पर विश्वास करते हैं? नहीं, आज कई खिलाड़ी सफल भी हैं, लेकिन वहमों के शिकार हैं। वे ये भूल जाते हैं कि उनके अंधविश्वास अंतर्राष्ट्रीय स्तर पर चर्चित हो जाते हैं। इस तरह वे अपने देश का मजाक ही उड़वा देते हैं। कई फिल्म निर्माता अपनी सभी फिल्मों के नाम एक ही अक्षर से प्रारंभ करते हैं। बालाजी टेलीफ़िल्म अपने सभी सीरियलों के नाम 'क' अक्षर से शुरू करता है, जैसे 'क्योंकि सास भी कभी बहू थी', 'कसौटी जिंदगी की', 'कहानी घर-घर' की आदि। इसके पीछे उनकी मान्यता रहती है कि अमुक अक्षर शुभ है, अतः उससे नाम प्रारंभ करने से उनकी फिल्म सफल हो जाएगी। यह भी वहम ही है। फिल्म की सफलता या असफलता का नाम से संबंध जोड़ना हास्यास्पद है। ऐसे वहम पालने वाले अन्य दृष्टियों से आधुनिक होते हुए भी अपने पिछड़ेपन का बोध करवा जाते हैं।

मेरे एक जानकार ज्योतिषी पंडित तुलसी हैं। उनके पास कई लोग ग्रह-शांति का पाठ करवाने आते हैं। ज्यादातर लोग पारिवारिक कलहों को दूर करने के लिए ही पूजा-पाठ करवाते हैं। जब मैं पंडित जी से मिलने गई, तो वह एक युवक के लिए राहु का शांति पाठ कर रहे थे। पूजा समाप्त होने पर उन्होंने बताया, ''इस युवक का अपनी पत्नी से झगड़ा हो गया है। पत्नी की कुंडली के अनुसार राहु का प्रभाव था, इसलिए राहु का पाठ कर दिया। पत्नी झगड़ कर मायके चली गई थी, इसलिए उसकी फोटो ही सामने रख कर पूजा करनी पड़ रही है।'' मैंने पंडित जी से उस युवक का पता लिया और उससे मिलने पहुंच गई, युवक का मानना था कि उसकी पत्नी पर राहु का योग है, इसलिए उसका पत्नी से झगड़ा हो जाता है, लेकिन बातचीत करने पर निष्कर्ष कुछ और ही निकला। यह युवक बार-बार पत्नी के मायके वालों को गाली देता था। वह पत्नी को मायके इसलिए नहीं भेजना चाहता था कि कहीं पत्नी की मां उसे कुछ सिखा न दे। ऐसे में झगड़ा नहीं होगा, तो क्या होगा? अगर इस युवक ने स्वयं की आदत को न सुधारा, तो सारी आयु उसकी पत्नी राहु के प्रभाव से मुक्त नहीं हो पाएगी। भले ही यह युवक कितने ही शांति-पाठ करवा ले, उसकी समस्या नहीं सुलझ सकती। इस युवक को विचार करना चाहिए कि उसकी पत्नी की मां ने उन्नीस-बीस वर्षों में अपनी बेटी को जो सिखाना था, जो संस्कार देने थे, दे चुकी। अब वह क्या सिखाएगी?

दो वर्ष पूर्व जब मैं दिल्ली प्रेस के लिए 'अंधविश्वासों के घेरे में' लेख लिखने के लिए जानकारी लेने हेतु एक ज्योतिषी से मिली, तो उस समय उनके पास एक 35 वर्षीया युवती समस्या लेकर आई हुई थी और पंडित जी ने उसे 'पीपल के वृक्ष' से काल्पनिक विवाह करने का उपाय बताया था। उनके अनुसार एक बार पीपल के वृक्ष से विवाह कर लेने पर उस युवती का विवाह शीघ्र हो जाएगा। तब मुझे पंडित जी की बात पर तो हंसी आई ही, लेकिन यह जानकर आश्चर्य हुआ कि वह युवती डॉक्टर है। एक पढ़ी-लिखी, अच्छे पद पर कार्यरत युवती ऐसी बातों में विश्वास करके अपनी कुंठा का ही प्रदर्शन कर रही थी। तब मैंने उस युवती को अपना परिचय देते हुए उससे वर के संबंध में उसकी पसंद पूछी, तो ज्ञात हुआ कि युवती डॉक्टर पति की इच्छा रखती है। वह पिछड़ी जाति की है और परिवार वाले अपनी जाति से बाहर उसका विवाह नहीं करेंगे। उसकी समस्या स्पष्ट थी। एक तरफ उसे पति भी डॉक्टर ही चाहिए, दूसरे वह जाति से बाहर विवाह भी नहीं करना चाहती। सब कुछ तो सबको नहीं मिला करता। अगर उसे डॉक्टर पति ही चाहिए, तो जातिवाद के बंधन को भी तोड़ा जा सकता है, अन्यथा डॉक्टर पति की जिद छोड़ी जा सकती है। वैसे यह उस युवती का व्यक्तिगत मामला है। इसलिए इस संबंध में ज्यादा नहीं कहना चाहिए, लेकिन इतना तो जरूर है कि पीपल के वृक्ष से विवाह करके समस्या नहीं सुलझ सकती।

अंधविश्वास हमारे पूरे व्यक्तित्व को खंडित कर देते हैं। अपनी वेशभूषा ही नहीं, व्यवहार और बोलचाल से भी आधुनिक दिखने वाला व्यक्ति भी जब किसी अंधविश्वास का शिकार हो जाता है, तो उसकी आधुनिकता पर प्रश्नचिह्न लग जाता है। आप किसी शुभ कार्य हेतु घर से निकलने लगें, तो पीछे से किसी ने छींक मार दी। आप इस डर से रुक गए कि यह अपशकुन है। यह इस बात का प्रतीक है कि आप अंदर से डरे हुए इनसान हैं। आप में आत्मविश्वास की कमी है। इसी तरह बिल्ली के रास्ता काटने को जो लोग अशुभ मानते हैं, उन्हें गहराई से विचार करना चाहिए कि बिल्ली के रास्ता काटने का उनके कार्य से संबंध कैसे हो सकता है। बिल्ली तो रोज ही किसी-न-किसी का रास्ता काटेगी ही।

देखा जाए, तो हमारा देश वहम और अंधविश्वासों में सबसे आगे है। मंगलवार को नाई भी इसलिए छुट्टी करते हैं कि उस दिन लोग न तो बाल कटवाते हैं और न ही शेव बनवाते हैं। कई लोग वीरवार के दिन नया कपड़ा नहीं पहनते। कुछ पढ़ी-लिखी महिलाएं भी वीरवार के दिन न तो बाल धोती हैं और न ही वस्त्र धोती हैं, लेकिन इन वहमी स्त्रियों को यदि वीरवार को किसी पार्टी वगैरह में जाना हो, तो बालों में शैम्पू कर लेती हैं। इसका कोई दुष्प्रभाव भी नहीं होता, तथापि वे अपने इस वहम की गिरफ़्त से निकलना नहीं चाहतीं।

आप किसी आवश्यक कार्य से जा रहे हैं, लेकिन घर से निकलते समय किसी ने छींक मार दी, तो आप इसे अशुभ समझकर रुक जाते हैं, लेकिन बुद्धि से विचार किया जाए, तो किसी की छींक का आपके कार्य की सफलता या असफलता से क्या संबंध? हिचकी के संबंध में एक वहम प्रचलित है कि जब कभी अचानक हिचकी आती है, तो समझना चाहिए कि कोई याद कर रहा है। अजीब-अजीब वहम हैं ये जिनका कोई वैज्ञानिक आधार है ही नहीं। छींकना या हिचकी आना केवल एक ही बात का प्रतीक है कि आपको जुकाम या एलर्जी हो गई है या कोई तीखी गंध आपने सूंघ ली हो अथवा गले में कुछ हो गया हो, लेकिन वहम का तो कोई इलाज नहीं।

शनिवार को लोहा न खरीदना भी वहम ही है। शनिवार के वहम को कुछ शनि-दान मांगने वाले हर सप्ताह भुनाते हैं । अन्य दिन तो वे मांग-मांग कर थक जाते हैं, किंतु शनिवार के दिन उन्हें मांगने की जरूरत ही नहीं पड़ती। आप खुद ही उन्हें आवाज लगाकर दान देते हैं।

वहमों का तो अंत ही नहीं है। होटलों में कमरा नं 13 का न होना भी 13 नंबर को अपशकुन मानने का परिणाम है। तीन का अंक भी अपशकुन माना जाता है। कहते हैं, 'तीन तिगाड़ा, काम बिगाड़ा' । अगर मैं ऐसे ही वहमों या अंधविश्वासों

की चर्चा करने लगूं, तो एक पूरा ग्रंथ लिखा जा सकता है, लेकिन हम विषय से भटक न जाएं, इसलिए इतना कह कर ही लेखनी को विराम देना चाहूंगी कि किसी भी प्रकार का वहम या अंधविश्वास घातक ही सिद्ध होता है। ऊपरी तौर पर देखने से भले ही आपको लगे कि आपके वहम करने से किसी का कुछ नहीं जाता है, लेकिन वहम आपकी गति में सदैव बाधक ही सिद्ध होते हैं। अगर आपके अंधविश्वासों से आपको होने वाली हानियों की बात समझ में नहीं आती, तो भी इतना तो स्पष्ट है कि ये आपके आधुनिक व्यक्तित्व पर अवश्य ही प्रश्नचिह्न लगा देते हैं। इसलिए व्यर्थ की धारणाओं के चंगुल से मुक्त होने का प्रयास करें।

प्रतिज्ञा : हम प्रतिज्ञा करते हैं कि हम किसी भी प्रकार के अंधविश्वास में पड़ कर अपना समय व ऊर्जा का नाश नहीं करेंगे।

आधुनिक सोच का सही मूल्यांकन करें

वर्तमान युग में आधुनिक सोच कायम करना बेहद जरूरी है, लेकिन कहीं हम आधुनिकता के चक्कर में ठगे तो नहीं जा रहे! आइए, स्वयं की सोच का मूल्यांकन करें।

वर्तमान शिक्षा का स्तर भी गिरता जा रहा है। त्रुटिपूर्ण शिक्षा भी युवाओं को आधुनिकता के नाम पर ग़लत दिशा में कदम उठाने को प्रेरित कर देती है। जब मैं दसवीं कक्षा की छात्रा थी, तब का एक अनुभव स्मरण हो आता है। हमारी कक्षा के छात्र-छात्राओं के अध्यापकों के प्रति विचारों ने ही मुझे इस दिशा में सोचने के लिए विवश किया कि अपूर्ण शिक्षा भी नुकसानदायक हो जाती है। शिक्षा का उद्देश्य मानसिक, शारीरिक और भौतिक विकास होना चाहिए, लेकिन वर्तमान शिक्षा में थोड़ी कसर है। जो शिक्षक शिक्षा दे रहा है, उसका एकमात्र उद्देश्य धनार्जन रह गया है। यह ठीक है कि शिक्षक की भी अपनी जरूरतें हैं। उसे भी जीवनयापन करना है। अगर वह धन नहीं लेगा, तो अपनी आवश्यकताएं कहां से पूरी करेगा। फिर भी शिक्षा को अन्य व्यापारों की तरह पूर्णतः धंधा नहीं बनाना चाहिए। आज शिक्षकों की व्यापारिक मानसिकता भी छात्र-छात्राओं को दिग्भ्रमित कर रही है।

एक अध्यापक यदि किसी ग़लत कार्य के लिए किसी छात्र को रोकता है, तो छात्र स्पष्ट कह देता है कि शिक्षक को अपने काम से मतलब रखना चाहिए, उसके व्यक्तिगत जीवन से नहीं, क्योंकि छात्रों को पता है कि उसका शिक्षक मन से उसका शुभचिंतक नहीं है। उसे इस बात से सरोकार नहीं कि उसका शिष्य अपने जीवन के उद्देश्य को प्राप्त करता है या नहीं। उसे सिर्फ अपने वेतन से मतलब है या अपने विषय के परिणाम से, जो उस शिक्षक को अपनी योग्यता सिद्ध करने के लिए काफी है। ऐसे में शिष्य शिक्षक को वह सम्मान नहीं दे पाते, जिसकी उनसे आशा की जाती है। शिक्षकों का कहना है कि आजकल युवाओं के मन में

अपने अध्यापकों के प्रति सम्मान के भाव नहीं रह गए हैं, लेकिन आज अध्यापकों में गुरु द्रोणाचार्य जैसे शिक्षक नहीं हैं, तो अर्जुन जैसे शिष्य कहां से पैदा होंगे? अध्यापक जैसे छात्र तैयार करेंगे, वैसे ही तो वे बनेंगे।

इस संदर्भ में मैंने एक शिक्षक से बात की। उनका कहना था, "आजकल बच्चों को यदि ग़लत कार्य से रोकें, तो वे उलटे जवाब देते हैं। यदि नहीं रोकते, तो कहते हैं कि शिक्षक उनके हितैषी नहीं हैं। कई बार अभिभावकों से उनके बच्चों की शिकायत करते हैं, तो वे उलटा हमें ही बुरा-भला कहने लगते हैं। इसलिए सब कुछ देख-सुन कर भी शांत रहना पड़ता है। मेरा एक छात्र मॉडर्न फैशन की ओर आकृष्ट था। एक दिन कक्षा में परफ़्यूम लगाकर आया, तो मैंने उसे टोक दिया। इस पर अगले ही दिन उसके अभिभावक आकर मुझसे उलझ गए कि मैंने कक्षा में उनके बेटे का अपमान कर दिया। परफ़्यूम लगाने या न लगाने से कोई फर्क नहीं पड़ता। मेरी पत्नी परफ़्यूम की शौकीन है, लेकिन मेरे मना करने के पीछे सीधा-सा दृष्टिकोण था कि यदि एक छात्र ऐसी खुशबूदार प्रसाधन का प्रयोग करेगा, तो उसकी देखा-देखी दूसरे भी अनुकरण करेंगे और बच्चों का ध्यान पढ़ाई से विचलित हो जाएगा। स्कूलों में यूनीफॉर्म का प्रावधान भी तो इसी उद्देश्य से किया गया है, ताकि सभी छात्र-छात्राएं स्वयं को एक-सा समझें और उनकी एकाग्रता शिक्षार्जन की ओर ही बनी रहे।" इस शिक्षक से बातचीत करने पर यह तथ्य भी सामने आता है कि अभिभावक भी इस समस्या के लिए जिम्मेदार हैं। मैंने स्वयं कई बार देखा है कि कुछ अभिभावकों का अपने बच्चों को महंगे अंग्रेजी माध्यम के स्कूल में दाखिल करवाने के पीछे यह मानसिक सोच होती है कि इससे उनका 'स्टेटस' बढ़ेगा। बच्चे की पढ़ाई भी यदि आपके लिए 'स्टेटस सिम्बल' बन गई, तो इसमें आश्चर्य कैसा! इस तरह भविष्य में वह बच्चा भी पढ़ाई से ज्यादा अपने 'स्टेटस' के प्रति सजग रहेगा।

आधुनिकता की चकाचौंध और ग्लैमर ने युवाओं को आकर्षित कर अपराधों की ओर भी प्रवृत्त किया है। दिखावे की मानसिकता के कारण कॉलेज ही नहीं, स्कूल जाने वाले विद्यार्थियों के भी अनावश्यक दैनिक खर्च बढ़ जाते हैं। सीमित आय वाले परिवारों द्वारा जब इन अनावश्यक खर्चों की पूर्ति नहीं हो पाती और अभिभावकों की रोक-टोक शुरू होती है, तो किशोर-मन जो सपनों की दुनिया में विचरने लगता है, अपनी कल्पनाओं को साकार रूप देने के लिए कुछ भी करने को तैयार हो जाता है। शीघ्रातिशीघ्र उन्नति के शिखरों को छूने की चाह उन्हें शार्टकट ढूंढ़ने के लिए विवश करती है। अल्पकाल में बिना परिश्रम किए सफलता पाने की महत्वाकांक्षा दिग्भ्रमित कर देती है। ऐसे में जब कोई असामाजिक तत्व इन किशोरों

के संपर्क में आता है, तो वह अपने निजी स्वार्थ सामने रखकर इनके सपनों को हवा देने लगता है और मासूम किशोरों का उपयोग आपराधिक कार्यों, यथा नशीले पदार्थों की बिक्री या राजनीतिक स्वार्थों की पूर्ति के लिए करने लगता है।

आधुनिकता के नाम पर भोगवादी संस्कृति में लिप्त होना उचित नहीं है। परिवार की प्रतिष्ठा को दांव पर लगाकर आधुनिक नहीं बन सकते। आर्थिक संपन्नता को जब आप स्टेटस सिम्बल मानने लगें, तो समझिए आपके भटकाव की शुरुआत होने लगी है। कई अभिभावक अपनी संपन्नता बच्चों के माध्यम से प्रकट करने लगते हैं। बच्चों को बड़े अंग्रेजी स्कूल में भेजना उनकी संपन्नता का द्योतक होता है। धीरे-धीरे उनकी यह सोच उनके बच्चों में भी पनपने लगती है और वे अपने लक्ष्य से भटक कर संपन्नता का प्रदर्शन करने में ही अपनी शक्ति लगाने लगते हैं। स्वयं को सबसे अधिक संपन्न और आधुनिक दिखाना उनका ध्येय बन जाता है।

प्रगतिशील सोच ने जहां लड़कियों को स्वतंत्रता और अधिकार दिए हैं, वहीं पाश्चात्य चकाचौंध के अंधानुकरण ने सांस्कृतिक प्रदूषण को भी जन्म दिया है। आज लड़कियों को स्वेच्छा से वर चुनने का अधिकार है। प्रेम-विवाह को बुरा नहीं माना जाता और अंतर्जातीय विवाह भी स्वीकार किए जा रहे हैं। कुछ रूढ़िवादी सोच वाले परिवारों में अवश्य प्रेम-विवाह को नकारात्मक दृष्टि से देखा जाता है, किंतु ज्यादातर लोग अब प्रेम-विवाह को सहज स्वीकार करने लगे हैं। प्रेम-विवाह के लिए भले ही हमारा नजरिया सकारात्मक हो, लेकिन विवाह कोई खेल नहीं और भारतीय संदर्भों में तो विवाह जीवन-भर का साथ माना जाता है। इसलिए अभिभावक अपनी बेटी के वैवाहिक जीवन के प्रति मंगल कामनाएं रखते हुए भी उसके द्वारा चुने गए वर की भी अच्छी तरह तसल्ली करना अपना कर्तव्य समझते हैं। कई बार लड़की किसी युवक से भावनात्मक स्तर पर इतना अधिक जुड़ जाती है कि वह उसकी बड़ी-से-बड़ी कमी को भी नज़रअंदाज कर जाती है, लेकिन अनुभवी एवं पारखी अभिभावकों को जब इस विवाह से भविष्य में अपनी पुत्री का जीवन अंधकारमय होना निश्चित लगता है, तो वे इसका विरोध करने लगते हैं। अकसर युवतियां भावनाओं में बहकर विवाह के संबंध में विवेकपूर्ण विचार करने से इनकार कर अपने प्रेम को विवाह में परिणत करने की जिद करती हैं। वे यह सोचकर माता-पिता से विद्रोह करने को तैयार हो जाती हैं कि उनके अभिभावक रूढ़िवादी हैं। इसलिए उनकी आधुनिक सोच का विरोध कर रहे हैं। यहां मैं ऐसी युवतियों को स्पष्ट सलाह देना चाहूंगी कि किसी से प्रेम संबंध बनाने से पूर्व उस व्यक्ति को अच्छी तरह जांच लें कि वह आपके पवित्र प्रेम को पाने की योग्यता रखता है या नहीं। संभव है, आपकी दृष्टि में आपकी पसंद का युवक संसार का सबसे सच्चा प्रेमी हो, फिर भी अभिभावक उसकी सच्चाई पर प्रश्न-चिह्न लगाएं, तो एक बार अपने निर्णय पर पुनर्विचार अवश्य

करें। यह पुनर्विचार प्रेमिका बनकर नहीं, बल्कि स्वयं को प्रेम संबंध से तटस्थ रखकर करें। यदि फिर भी आपकी अपने प्रेमी के प्रति विश्वास में कमी नहीं आए, तो अभिभावकों के समक्ष अपना तर्कसंगत निर्णय रख सकती हैं। जीवन के महत्वपूर्ण फैसले भावुकता में नहीं करने चाहिए, अन्यथा जीवन-भर पश्चाताप की अग्नि में जलना पड़ सकता है।

आजकल महानगरीय युवाओं में गर्लफ्रेंड-ब्वायफ्रेंड बनाने का फैशन है। मॉड कहलाए जाने की ललक रखने वाले लड़के-लड़कियां गर्लफ्रेंड-ब्वायफ्रेंड बनने-बनाने में संकोच नहीं करते। हालांकि ऐसी सोच रखने वाले लड़के-लड़कियों दोनों को ही हानि होती है। दोनों ही अपने कैरियर के प्रति लापरवाह हो जाते हैं। वह अपना समय और शक्ति ऐसे व्यर्थ के संबंधों में बर्बाद कर देते हैं, परंतु इन संबंधों से अधिक नुकसान लड़कियों को उठाना पड़ता है। लड़के अकसर अपनी मित्र-मंडली में छः-सात गर्लफ्रेंड होने की डींगें हांकते हैं और लड़कियां अपना भावनात्मक शोषण करा बैठती हैं। यह भी सत्य है कि आजकल कुछ लड़कियां भी इन संबंधों को गहराई से नहीं लेतीं। उनके भी एक से अधिक ब्वायफ्रेंड होते हैं। जरा विचार करके देखिए, इस 'टाइमपास' खेल का लाभ क्या है? यह आधुनिकता नहीं है, बल्कि आधुनिकता के नाम पर अपने कैरियर को दांव पर लगाना है, फिर भारतीय समाज चाहे कितना ही दरियादिली क्यों न रखता हो, लेकिन किसी लड़के की कई गर्लफ्रेंड हैं, इस बात को तो हंसी में उड़ा देगा, लेकिन लड़की के कई ब्वायफ्रेंड हों, तो यह बात हजम नहीं होती। ऐसी लड़कियों को बदचलन और चालू की संज्ञा दे दी जाती है।

कच्ची उम्र की यह फ्रेंडशिप मात्र दिखावे और आधुनिक कहलाए जाने का ही परिणाम है। ये युवा दोस्ती की परिभाषा तक नहीं जानते। भले ही दोस्ती मात्र दिखावे के लिए की जाती है, लेकिन किशोरावस्था में विपरीत सेक्स के प्रति आकर्षण होना भी स्वाभाविक है। इस आकर्षण में बंधकर कई युवक-युवतियां ग़लत कदम उठा लेते हैं, जिसका खमियाजा उन्हें उम्र-भर भुगतना पड़ता है।

याद रखें, यदि आप उन्मुक्त व्यवहार को आधुनिकता का मापदंड समझ बैठे हैं, तो भारी भूल कर रहे हैं। मैं प्रेम संबंधों की विरोधी नहीं हूं, किंतु कच्ची उम्र का प्रेम केवल उन्माद ही होता है, जो थोड़े समय बाद स्वतः उतरना प्रारंभ हो जाता है। आजकल विभिन्न चैनलों पर दिखाए जाने वाले कार्यक्रम भी किशोरों तक के मन में हलचल पैदा करते हैं। 'वैलेंटाइन डे' पर अपने मित्र को कीमती उपहार देना, डेटिंग पर जाना युवाओं के मध्य साधारण-सी बात है, लेकिन यही डेटिंग कई बार बहुत महंगी पड़ जाती है। लड़के-लड़कियां पाश्चात्य सभ्यता का अनुकरण

करते हुए डेटिंग के नाम पर एकांत स्थानों में मिलते हैं और एकांत में चुंबन से प्रारंभ होकर सारी सीमाएं लांघते चले जाते हैं।

बदलते परिवेश में लड़कियों को घर की चारदीवारी में कैद करके नहीं रखा जा सकता, लेकिन जमाने की बुरी नज़र से बचने के लिए सजग तो होना ही पड़ेगा। कई ऐसे केस देखे गए हैं कि लड़की प्रेम-पाश में फंसकर प्रेम-पत्र लिख बैठती है और आयु-भर प्रेम-पत्रों के कारण ब्लैकमेलिंग का शिकार होती रहती है। घर से भागकर प्रेम-विवाह करने वाली युवतियां जब अपने प्रेमियों द्वारा ठग ली जाती हैं, तो उनकी वापसी के द्वार भी बंद हो चुके होते हैं। ऐसे में वे स्वयं को असहाय पाती हैं। कई बार मंदिर में शादी का नाटक करके युवक लड़कियों की आबरू तो लूट ही लेते हैं, साथ ही अश्लील चित्र खींचकर सदा के लिए अपने हाथों की कठपुतली बना लेते हैं। इसलिए लड़कियों को चाहिए कि प्रगतिशील तो बनें, मगर सजग रहना बेहद जरूरी है।

प्रतिज्ञा : हम प्रतिज्ञा करते हैं कि प्रगतिशीलता के गलत अर्थ निकालकर दिग्भ्रमित नहीं होंगे।

आधुनिक बनने के 51 टिप्स

नए जमाने में हम किसी से पीछे क्यों रहें? आखिर हम भी इसी जमाने के हैं। जमाने के साथ कदम-से-कदम मिलाकर चलने में ही बुद्धिमानी है। आइए, देखें कि आधुनिक बनने के लिए हमें क्या कुछ करना है।

1. वेष-भूषा और भाषा के साथ-साथ आधुनिकता आपके व्यवहार से झलकना चाहिए। इस संबंध में वैचारिक तौर पर भी आधुनिक बनने का प्रयास करें।

2. आधुनिक वही है, जिसका आचरण दूसरों की दृष्टि में प्रशंसनीय हो। जो व्यक्ति स्वयं की दृष्टि में तो आधुनिक हो, लेकिन जिस समाज में रह रहा हो, उसकी दृष्टि में आलोचना का पात्र बने, उसे आधुनिक नहीं कहा जा सकता।

3. आधुनिकता और स्वच्छंदता के अंतर को समझना चाहिए। सतर्क रहें, कहीं आपकी आधुनिकता उच्छृंखलता में न बदल जाए।

4. आधुनिक बनने के लिए संकीर्ण मानसिकता का त्याग करें। अपने दृष्टिकोण को व्यापक बनाएं।

5. आलोचना से बचें, क्योंकि दूसरों की आलोचना करके हम अपनी कुंठित मनोवृत्ति का ही परिचय देते हैं।

6. पश्चिम की स्वच्छंद और भोगवादी संस्कृति को आधुनिकता समझने की ग़लती न करें। आचरण में पूर्ण भारतीयता की झलक होते हुए भी आप माडर्न बने रह सकते हैं।

7. आधुनिक उपकरणों को चलाने, उन्हें प्रयोग करने की योग्यता हासिल करें। कोई भी नया उपकरण बाजार में आता है, तो प्रयत्न करें कि उसकी जानकारी आपको हो जाए। आजकल समाचार-पत्रों में, टेलीविजन में प्रत्येक नई वस्तु की जानकारी दी जाती है।

8. देश-विदेश की घटनाओं को टी.वी., अखबार द्वारा जानें। राजनीतिक, सामाजिक, खेल संबंधी अपनी रुचि के अनुसार जानकारी अवश्य रखें।

9. आधुनिक युग कंप्यूटरीकृत है। आजकल स्कूलों-कॉलेजों में कंप्यूटर की शिक्षा दी जा रही है। इस शिक्षा को नज़रअंदाज न करें।

10. कंप्यूटर में इंटरनेट की सुविधा का उचित प्रयोग करें। व्यर्थ की चैटिंग में समय बर्बाद करके आप स्वयं का ही नुकसान करते हैं।

11. आधुनिकता के चक्कर में किसी भी प्रकार के नशे से दूर रहें। नशा आधुनिकता की निशानी नहीं हो सकता। जो सोसाइटी सिगरेट, शराब आदि के प्रयोग को मॉडर्न मानती है, समझ लीजिए वह ग़लत संगति है।

12. डिस्को पार्टी में जाना बुरी बात नहीं, लेकिन सतर्क रहें, यदि ऐसी पार्टी में अश्लीलता का प्रदर्शन होता है, तो उसका तुरंत बहिष्कार कर दें।

13. जिस कार्य के लिए आपकी अंतरात्मा विरोध करे, उसे न करें। समाज भी उस कार्य को स्वीकार नहीं करेगा।

14. गर्लफ्रेंड या ब्वायफ्रेंड बनाकर आधुनिक दिखने की सोच आपकी कच्ची और अपरिपक्व मानसिकता का ही प्रदर्शन करती है। लड़के-लड़कियों की दोस्ती बुरी नहीं, बल्कि आधुनिक युग में यदि लड़के-लड़कियां एक-दूसरे से मेल-जोल रखने से परहेज करने लगें, तो वे पिछड़ जाएंगे, लेकिन दोस्ती में सीमा का उल्लंघन न हो, इसका ध्यान जरूरी है। स्वस्थ मित्रता कभी हानिकारक नहीं होती।

15. लड़कियां आधुनिक बनने के लिए यदि अंग प्रदर्शन का सहारा लेंगी या आधुनिक वस्त्रों के नाम पर छोटे और अंग-दिखाऊ वस्त्र पहनेंगी, तो अपना सम्मान ही खोएंगी।

16. किटी पार्टी में जाकर ताश, पपलू या तंबोला जैसे खेल खेलने में समय बर्बाद करके आप आधुनिक युग में पिछड़ जाएंगी। आपका दायरा सिर्फ किटी पार्टी में हो रही निंदा-चुगली तक ही सीमित रह जाएगा। इससे बेहतर है कि आप किसी सामाजिक संस्था से जुड़ कर सामाजिक गतिविधियों में भाग लें। दूसरों को सहयोग देकर समाज सेवा करने का पुण्य कमाएं।

17. स्त्री हो या पुरुष जहां तक संभव हो उपलब्ध वाहन चलाना अवश्य सीखें। आवश्यकता पड़ने पर यदि घर की महिला भी वाहन चलाकर अपने गंतव्य तक पहुंच जाती है, तो वह स्वयं आधुनिक होने की छाप छोड़ती है।

18. अंधविश्वासों से दूर रहें। छोटी-छोटी बात पर अंधविश्वास करना, आपके भीतर के डर को ही उजागर करता है। भूत-प्रेत जैसी बातों पर विश्वास करके अपनी कुंठित सोच का प्रदर्शन न करें।

19. वहमों से भी मुक्ति पाएं। बिल्ली के रास्ता काटने, छींक आने जैसे छोटे-छोटे वहम आपकी सफलता में अवरोध ही पैदा नहीं करते, बल्कि आपकी छवि को भी धूमिल करते हैं।

20. लड़के-लड़की को समान समझें। उनमें भेद-भाव करके उनके साथ अन्याय न करें।

21. व्यस्त जीवन में हर कार्य सलीके से करें, जिससे समय की बचत हो। आधुनिक व्यस्तताओं में समय की कीमत को नज़रअंदाज नहीं किया जा सकता।

22. जहां पति-पत्नी दोनों नौकरीपेशा हैं, वहां पति भी घर के कार्यों में पत्नी का हाथ बंटाए, क्योंकि यही आधुनिक युग की मांग है। केवल पत्नी से ही गृह कार्यों की अपेक्षा करना आपकी कुंठित सोच का ही परिणाम हो सकती है।

23. पत्नी के पुरुष मित्रों या पति की महिला मित्रों का सम्मान करें। याद रखें, अच्छी दोस्ती से हमेशा लाभ ही होता है, परंतु कभी भी अपने जीवनसाथी से विश्वासघात करने का विचार मन में न लाएं।

24. आधुनिकता की आड़ लेकर स्त्री-पुरुष में अवैध संबंध बनाना स्वयं के पांव पर कुल्हाड़ी मारना है। ऐसे संबंधों से कभी शांति नहीं मिल सकती। समाज की दृष्टि में भी आप सम्मान खो देते हैं।

25. पति-पत्नी आपसी ईर्ष्या से बचें। पत्नी यदि पति से अधिक उन्नति कर रही है, तो उसे सिर्फ पत्नी की ही उन्नति न मानें। वह आपकी साझी उन्नति है।

26. अगर पत्नी पति से अधिक पढ़ी-लिखी है, तो पति को हीन न समझे। प्रत्येक व्यक्ति में कुछ गुण होते हैं। अपने पति में उन गुणों की खोज कर उनका सम्मान करे।

27. युवाजन आधुनिक बनने के लिए तथाकथित हाई सोसाइटी से स्वयं की तुलना करके स्वयं को हीन न समझें।

28. 'सादा जीवन उच्च विचार' के आदर्श को अपना कर भी आप आधुनिक बन सकते हैं।

29. भाषा भावाभिव्यक्ति का साधन है। पश्चिमी भाषा का बोलबाला हर जगह है। इसलिए उस भाषा को सीखकर आप अपनी ज्ञानवृद्धि करने में संकोच न करें, लेकिन यदि किन्हीं कारणों से आप केवल अपनी मातृभाषा का ही ज्ञान रखते हैं, तो भी निराश न हों। अपने ऊंचे विचारों के साथ सामाजिक गतिविधियों में भाग लेकर आप सम्मान के हकदार बन सकते हैं।

30. ग्लैमर के पीछे न भागें। प्रत्येक चमकदार वस्तु सोना नहीं होती। चकाचौंध के मायाजाल में फंसने से बचें। यथार्थ के धरातल पर पांव टिकाएं।

31. आधुनिकता के ग़लत मापदंड निर्धारित न करें। इसके नाम पर लक्ष्यहीन भटकाव से बचें। दिखावे और आधुनिकता में अंतर है। यदि मोबाइल फोन की आपको जरूरत नहीं है, फिर भी आप मोबाइल रखते हैं, तो वह सिर्फ दिखावा होगा, जो उचित नहीं।

32. नई जीवन शैली जहां कई उपलब्धियां लाई है, वहीं कुछ समस्याएं भी सामने आई हैं, जैसे अधिकाधिक भौतिक साधन इकट्ठा करने की होड़ में व्यर्थ की भाग-दौड़ भी एक समस्या है। ऐसे में परिवार के सदस्यों के पास एक-दूसरे से संवाद स्थापित करने का भी समय नहीं होता। दिन के 24 घंटों को बढ़ाकर 26 घंटों में तो नहीं बदला जा सकता। दूसरी ओर पारिवारिक सदस्यों के बीच की दूरी भी उचित नहीं। अपने सभी कार्यों के लिए समय सारिणी निर्धारित करें, जिससे समय की बचत हो सके और एक निश्चित समय में परिवार के सभी सदस्य एक साथ मिलकर अवश्य बैठें।

33. आधुनिक जीवन शैली अपनाने की होड़ में आपकी युवा संतान दिग्भ्रमित हो सकती है। ऐसे में सारी आधुनिकता धरी-धराई रह जाएगी। अपनी युवा संतान की दैनिक गतिविधियों पर विशेष ध्यान दें। उनकी संगति पर नज़र रखें। उनके खान-पान का भी ख्याल रखें। विचारों को सम्मान देते हुए उनका मार्ग दर्शन अवश्य करें।

34. तनाव आधुनिक जीवन शैली की प्रमुख देन है। लगातार तनाव की स्थिति शारीरिक और मानसिक क्षीणता का कारण बनती है। तनाव-भरी स्थिति से छुटकारा पाने के निरंतर प्रयास करते रहें।

35. अपने व्यक्तित्व को निखारने के भरसक प्रयास करें, क्योंकि आधुनिक युग में मात्र कीमती वस्त्राभूषण से ही आपकी अमीरी का मूल्यांकन नहीं होता, बल्कि आपका व्यक्तित्व, आपकी वाणी ही असली आभूषण है।

36. समाज में अपनी पहचान बनाने की कोशिश करें। दिखावे की संस्कृति को छोड़ अपने गुणों से अपनी पहचान बनाएं।

37. विशेषतः युवतियों को आधुनिकता के नाम पर युवकों से दोस्ती करते समय सामाजिक सीमाओं को भूलना नहीं चाहिए, क्योंकि मर्यादाओं को तोड़कर कभी कुछ हासिल नहीं किया जा सकता।

38. वर्तमान समय में पढ़े-लिखे लोग शारीरिक श्रम के अभाव में स्वास्थ्य खो रहे हैं। मानसिक श्रम की अधिकता और शारीरिक श्रम का अभाव स्वास्थ्य में गिरावट का कारण बन रहा है। याद रखें, यदि आप स्वस्थ नहीं हैं, तो सारी उपलब्धियां बेकार हैं।

39. बुजुर्ग भी जमाने के साथ बदलने की कोशिश करें। 'हमारे जमाने में तो ऐसा होता था' बात-बात पर मिसाल देने वाली सोच को छोड़कर नए जमाने के साथ सामंजस्य स्थापित करने का प्रयास करें।

40. युवा होती संतान पर अधिक रोक-टोक उचित नहीं। वे आधुनिकता के मोहपाश में फंसकर कुसंगति के शिकार न हों, इसके लिए जरूरी है कि आप स्वयं ही दिखावटी संस्कृति से बाहर निकलें।

41. दिन में किए जाने वाले महत्वपूर्ण कार्यों की सूची तैयार करें। एक डायरी में यदि आप किए जाने वाले कार्यों को लिख लेंगे, तो आपके सभी कार्य समय से पूर्ण भी हो जाएंगे और समय की बचत भी हो जाएगी।

42. अगर पति-पत्नी दोनों नौकरीपेशा हैं, तो रात को सोने से पूर्व ही अगले दिन पहने जाने वाले वस्त्रों का चयन कर उन्हें इस्त्री करके तैयार रखें। बच्चों में भी आदत डलवाएं कि वे अपनी यूनीफार्म और स्कूल बैग रात में ही तैयार कर लें, ताकि सुबह व्यर्थ की भाग-दौड़ से बचा जा सके।

43. आधुनिक बहू-बेटी पर अपने पुराने विचार थोपें नहीं, बल्कि उसे प्यार से समझाएं। बच्चे जब युवा हो जाएं, तो अभिभावकों का कार्य नसीहतें देने के बजाए सलाह देना हो जाता है। अगर आपकी सलाह नहीं मानी जाती, तो भी उग्र न हों।

44. यदि किसी पड़ोसी के पास अधिक उपभोग की वस्तुएं हैं, तो उन्हें देखकर ईर्ष्या न करें। न ही पड़ोसी को दिखाने के लिए उन वस्तुओं की खरीद करें, जिनकी आपको आवश्यकता नहीं है। आपका ऐसा व्यवहार आपकी संतान को भी ऐसा करने के लिए प्रेरित करेगा। ऐसे में यदि आपकी युवा संतान अपने मित्र के पास 'बाइक' देखेगी, तो उसे पाने की जिद करेगी। पड़ोसी के साथ आपकी स्टेटस की होड़ उसे अपने युवा साथियों के साथ होड़ करने की ही प्रेरणा देगी। संभव है, वह अपनी सोसाइटी में स्टेटस के लिए ग़लत आदतें अपनाने लगे।

45. याद रखें, जमाना चाहे कितना ही आधुनिक हो जाए, सफलता के लिए जितने परिश्रम और लगन की जरूरत है, उतनी तो करनी ही पड़ेगी। 'शार्टकट में मिली सफलता भी शार्ट समय के लिए ही होती है।' हां, इतना जरूर है कि सफल होने के लिए आपके पास साधन अधिक हों, तो उन साधनों का भी विवेकपूर्ण तरीके से इस्तेमाल करना चाहिए।

46. आधुनिक युग प्रतिस्पर्धा का है। प्रत्येक व्यक्ति किसी से बहुत आगे है, तो किसी से बहुत पीछे। अपनी एक असफलता के लिए निराश न हों, बल्कि हिम्मत और पूर्ण उत्साह से पुनः प्रयास करें। किसी भी अच्छी नौकरी को पाने की एक निश्चित आयु सीमा होती है। अगर वह आयु आपने निराशा में गंवा दी, तो लक्ष्य प्राप्ति से वंचित रह जाएंगे।

47. अगर आप महिला हैं और नौकरीपेशा नहीं हैं, तब घरेलू रहते हुए भी आप आधुनिक बन सकती हैं। इसके लिए आप गृहकार्य को आधुनिक ढंग से करें। नए-नए स्नैक्स बनाने की विधियां सीखें। नूडल्स, डोसा, ढोकला, पीजा, इडली, बड़ा आदि बनाने में ज्यादा मेहनत नहीं करनी पड़ती। सिर्फ बनाने की विधि आना चाहिए। आजकल तो टी.वी. के विभिन्न चैनलों पर यह सब चीजें सिखाई जाती हैं।

48. आधुनिक परिवेश के युवावर्ग में विदेश जाने की ललक भी स्पष्ट दिखाई देती है। 'फॉरेन रिटर्न' कहलाना भी शान का सूचक बनता जा रहा है। युवाओं को समझना चाहिए कि स्वदेश में रहकर भी उन्नति की जा सकती है। आवश्यकता केवल आपके दृढ़ निश्चय और आत्मविश्वास की है।

49. आधुनिक गृहिणी को बैंक, डाकखाने, पालिका और निगम की कार्यप्रणाली का ज्ञान होना चाहिए। उसे बैंक में रुपए जमा करवाने, निकलवाने का ज्ञान हो। साथ ही ऐ टी एम का प्रयोग करना भी आना चाहिए। उसे हाउस टैक्स, नल, बिजली, टेलीफोन के दफ्तरों से संपर्क करना भी आना ज़रूरी है। आधुनिक नारी को चाहिए कि वह समय-समय पर बैंक, डाकखाने आदि में धन के निवेश संबंधी विभिन्न जानकारियां अपने पास रखें और कम-से-कम इतना हिसाब-किताब भी अवश्य कर सकें कि बैंक द्वारा उन्हें ठीक ब्याज दिया गया है अथवा नहीं।

50. वह घर की भी आधुनिक गृहिणी की श्रेणी में आएगी, जो इस बात का ज्ञान रखे कि कौनसी वस्तु कौनसे बाजार में सस्ती उपलब्ध होती है। संभव हो, तो गृहिणी को ऐसी दुकानों के फोन नंबर भी नोट करने चाहिए, ताकि आवश्यकता पड़ने पर ऑर्डर देकर वस्तु मंगवाई जा सके।

51. माडर्न बनने के लिए अपने सोचने के ढंग को प्रगतिशील बनाना चाहिए। यदि आपके विचार आधुनिक हैं, तो 'हैलो-हाय' के बजाए आप 'नमस्कार' से भी अभिवादन करते हैं, तो भी आधुनिक ही माने जाएंगे। नमस्कार का चमत्कार कभी खाली नहीं जा सकता। रुसी लोग अपनी भाषा, आपना अभिवादन नहीं छोड़ते, तो आप अपनी संस्कृति को क्यों छोड़ते हैं?

प्रण : हम प्रण करते हैं कि वर्तमान आधुनिक युग के साथ कदम से कदम मिलाकर चलने के लिए उपरोक्त 51 टिप्स से स्वयं पर लागू होने वाले टिप्स अपने जीवन में अवश्य उतारेंगे।

आधुनिकता कैसी हो?

प्रत्येक व्यक्ति के लिए आधुनिकता एक अलग अर्थ रखती है। हमने यहां तीन दंपतियों को इस परिचर्चा में शामिल करके आधुनिकता के संदर्भ में उनके विचार प्रस्तुत किए हैं। आप भी सोचें कि आपकी दृष्टि में आधुनिकता किसे कहेंगे?

डॉक्टर चांदना और उनकी पत्नी के विचार

डॉक्टर चांदना का विचार है कि आधुनिकता के दो पक्ष, सकारात्मक और नकारात्मक होते हैं। यह अलग बात है कि आधुनिक जीवन शैली में नकारात्मक प्रभाव अधिक सामने आ रहे हैं। फास्ट फूड को युवा आधुनिकता बता रहे हैं। अभिभावक बच्चों को अच्छे अंग्रेजी स्कूलों में पढ़ाना आधुनिक समझते हैं। महिलाएं घर में महंगे विदेशी सामान एकत्रित करना और किटी पार्टी में जाना आधुनिकता मान रही हैं, जबकि ये सब किसी भी व्यक्ति को आधुनिक सिद्ध करने के लिए पर्याप्त नहीं हैं। ग़लत खान-पान स्वास्थ्य को खराब कर रहा है। युवतियों के छोटे परिधान चरित्रहीनता को बढ़ावा दे रहे हैं। महंगे शौक अपराधों में वृद्धि कर रहे हैं। पब, बीयर बार, डिस्को, क्लब आदि समय की बर्बादी का कारण बन रहे हैं। ऐसी आधुनिकता से तो गांव की सादगी भली।

इसी संदर्भ में श्रीमती चांदना कहती हैं, आधुनिक युग में आत्महत्या की जितनी घटनाएं सामने आ रही हैं, पहले नहीं थीं। यह भी आधुनिक परिवेश का ही ग़लत परिणाम है। अमीरी-गरीबी के मध्य बढ़ती खाई और उपभोक्तावादी संस्कृति मानसिक तनाव का कारण बनती हैं और व्यक्ति का जीवन पर से भी विश्वास उठ जाता है। आज हम पाश्चात्य अनुकरण में बड़ा उत्साह दिखाते हैं, लेकिन अंधानुकरण के बजाए उचित को ही अपनाया जाए, तो बेहतर है। अंधानुकरण का ही परिणाम है कि भारत में पश्चिम की तरह मनोरोगियों की संख्या बढ़ रही है।

आधुनिक परिवेश में सुधार की बात करते हुए डॉक्टर चांदना और श्रीमती चांदना दोनों का मानना है कि आधुनिक युग में सर्वप्रथम प्रशासन में सुधार होना चाहिए। बेरोजगार युवाओं की बढ़ती भीड़ उन्हें आत्महत्या करने या अपराध की ओर बढ़ने के लिए ही प्रेरित करती है। युवा आधुनिक समाज का अंग हैं। उन्हें समाज के विषय में सोचना चाहिए। राजनीति को गंदा खेल कहकर नज़रअंदाज करने के बजाए इसमें सुधार करने के प्रयास करने चाहिए। इस संदर्भ में महिलाओं को भी आगे आना चाहिए, क्योंकि महिलाएं ही महिलाओं की समस्याओं को बेहतर समझ सकती हैं। आज अरुंधती राय या मेधा पाटेकर जैसी आधुनिक महिलाओं की जरूरत है। दूसरी ओर अभिभावकों को आधुनिक भाग-दौड़ में इतने व्यस्त नहीं होना चाहिए कि बच्चों के लिए समय ही न निकाल पाएं। प्रेम और लगाव के अभाव में ही आधुनिक युवा व्यसनों के शिकार हो रहे हैं, अन्यथा वर्तमान दौर में युवाओं के सामने आगे बढ़ने की बहुत-सी संभावनाएं हैं। उनका उचित मार्गदर्शन किया जाना चाहिए।

रणबीर कृष्ण और उनकी पत्नी के विचार

रणबीर कृष्ण व्यापारी हैं और उनकी पत्नी श्रीमती रोमिला प्राइमरी स्कूल की मुख्याध्यापिका हैं। यह दंपती स्वयं को पूर्णतः आधुनिक मानता है। इनका एकमात्र पुत्र आस्ट्रेलिया में एम.आई.बी. की शिक्षा ले रहा है। ''क्या आप अपने पुत्र को विदेश ही सैटल करना चाहेंगे?'' इसके उत्तर में उनका कहना है, ''वह जहां उचित समझे, वहीं रह सकता है। हम अपना कार्य उसकी विचारधारा को दिशा देना मानते हैं। उस पर अपने विचार थोपने का हमारा कभी प्रयास नहीं रहा।''

''आधुनिक युग में युवा संतान के अभिभावक होने पर आप क्या विशेष ध्यान देते हैं?'' इसके जवाब में रणबीर कृष्ण कहते हैं, ''मैं अपने बेटे की संगति पर विशेष नज़र रखता हूं। इस आयु में संगति का बहुत प्रभाव पड़ता है। बुरी संगति बिगाड़ देती है और अच्छी संगति जीवन बना देती है। मेरा मानना है कि एक ही संगति जब लगातार बनी रहती है, वह भी बच्चों को नुकसान पहुंचाती है। इसलिए मैं हर दो वर्ष बाद अपने बेटे का स्कूल बदलता रहा हूं। दूसरे मैंने अपना मूल्यांकन किया कि मैं अपने जीवन में कहां तक पहुंचा हूं और कहां तक पहुंच सकता था। जहां तक पहुंच सकता था, वहां तक क्यों नहीं पहुंच पाया? इन सब बातों के मद्देनज़र मैं अपने बेटे का मार्गदर्शन कर रहा हूं। ''आधुनिक जीवन शैली अपनाने के संदर्भ में श्रीमती रोमिला बताती हैं, ''रणबीर वैसे तो स्वयं को आधुनिक कहते हैं, लेकिन घर से निकलते समय कोई छींक दे, तो वहीं डरकर रुक जाते हैं। इस बारे में मेरी उनसे हमेशा तकरार रहती है। जब आप आधुनिक हैं, तो पूरी तरह आधुनिक बनें।''

रणबीर कृष्ण की दृष्टि में, ''आधुनिकता हमारे व्यवहार से झलकनी चाहिए, हमारे विचारों में दिखनी चाहिए। मेरे कुछ अपने वहम मेरी विवशताएं हैं। उन्हें मैं छोड़ नहीं पाता, लेकिन मैं उन्हें किसी दूसरे पर नहीं थोपता। मेरे विचार में आधुनिक वह है, जो जमाने की मांग को पूरा करता है।'' आधुनिक युग में अगर आप व्यापार में सफल होना चाहते हैं, तो आपको मॉडर्न सोच का सहारा लेना होगा। वर्तमान संदर्भों में व्यक्ति को सफलता पाने के लिए व्यापार की आधुनिक ट्रिक्स को भी जानना चाहिए, जैसे आजकल बच्चों के चिप्स वगैरह के साथ फ्री टैटू का चलन है। अतः जो बच्चे चिप्स नहीं खाते, वे भी टैटू के लालच में चिप्स खरीदने की जिद करते हैं, फिर 'एक के साथ एक मुफ़्त' भी माल की बिक्री में काफी सहायक है, जबकि सभी जानते हैं कि कभी भी कुछ मुफ़्त नहीं मिलता, लेकिन यह भी सत्य है कि अगर उस प्रोडक्ट की कीमत कम कर दी जाती, तो बिक्री उतनी न बढ़ती, जितनी 'फ्री' के बहाने बढ़ी। ऐसे में जब कोई व्यक्ति अपनी मौलिक सोच से लोगों की कमजोरी को ध्यान में रखते हुए ट्रिक और टैक्टिस इस्तेमाल करता है, तो व्यापार में सफल हो जाता है। व्यापार की तरह ही जीवन के प्रत्येक क्षेत्र में ऐसी ही आधुनिक शैली को अपना कर सफल हुआ जा सकता है।

अरविन्द सेठी और उनकी पत्नी के विचार

अरविन्द और हर्षा सेठी के विवाह को दो वर्ष हुए हैं। जब उनसे आधुनिकता के संदर्भ में बातचीत की गई, तो सर्वप्रथम हर्षा ने बताया, ''आजकल युवाओं की दृष्टि में आधुनिकता का अर्थ स्टाइलिश लाइफ है। मैंने एम.बी.ए. किया है। जब मैं स्कूल में थी, तब मेरे सहपाठी लड़के-लड़कियों का ध्यान नए स्टाइल के वस्त्र, हेयर स्टाइल आदि की तरफ रहता था। लड़के-लड़कियां आपस में बातें करते थे। एक-दूसरे के साथ नाम जोड़ना भी आम बात थी और इसी को हम लोग आधुनिकता समझते थे। उस आयु में हम फिल्मी जीवन से बहुत प्रभावित थे। लड़के-लड़कियां आपस में प्रेम-पत्र लिखते रहते थे, जब मैं छात्रावास में रहकर एम.बी.ए. कर रही थी, तो वहां भी सहशिक्षा ही थी, लेकिन तब सोचने का नजरिया बदल गया था। वस्त्रों और हेयर कट की ओर ज्यादा ध्यान नहीं जाता था, बल्कि किसी तरह ज्ञानार्जन करने के विषय में ज्यादा सोचते थे। लड़के-लड़कियां तब भी आपस में बात करते थे, लेकिन तब दृष्टिकोण स्कूल टाइम वाला नहीं था। गहन विषयों पर भी हम लोग चर्चा करते थे। बड़ी-से-बड़ी नौकरी प्राप्त करके अपनी जीवन शैली को नया अंदाज देने की सोचते थे। इस तरह उम्र के अलग-अलग दौर में आधुनिकता के अलग-अलग मायने हो जाते हैं। मान लें आपने बहुत आकर्षक परिधान पहन रखा है, लेकिन ज्ञान बहुत ही सीमित है, तो कोई भी आपको आधुनिक नहीं कहेगा।''

हर्षा के पति अरविन्द सेठी के विचार में, ''कोई भी देश तकनीकी ज्ञान में उन्नति करके आधुनिक बन सकता है। समाज पुरानी रूढ़िवादी कुरीतियों का बहिष्कार करके आधुनिकता अपना सकता है। शहरी नागरिकों के लिए अच्छी सहूलियतें पैदा करके, जैसे अच्छे स्कूल, अस्पताल आदि बनवाकर आधुनिक हुआ जा सकता है। व्यक्ति सभी को ठीक ढंग से अपना कर ही आधुनिकता का बाना पहन सकता है।'' अरविन्द जी से जब आज के युवाओं की आधुनिकता के विषय में बोलने के लिए कहा गया, तो उनका मत था, ''किशोर एवं युवा मन ग्लैमर-भरी जिंदगी को आधुनिक समझता है। जहां तक व्यसनों की बात है, हर किशोर और युवा दिखावे के लिए व्यसन नहीं पालता, बल्कि आजकल का जो सामाजिक परिवेश है, उसे देखकर ही भटकता है। मैं किशोरावस्था में सोचता था कि स्नातक के अंतिम वर्ष में पहुंचकर व्हिस्की जरूर पीऊंगा और मैंने पी भी। कारण मात्र इतना था कि मेरे मन में यह धारणा थी कि जब मैं अच्छी नौकरी या बिजनेस करूंगा, तो सोसाइटी में सब पीएंगे। यदि मैं नहीं पीऊंगा, तो उनसे अलग-थलग हो जाऊंगा और पीछे रह जाऊंगा। अब जब नौकरी करने लगा हूं, तो महसूस होता है कि वह सोच मात्र भ्रम था।''

जब पति-पत्नी के संबंधों को लेकर आधुनिकता की बात चली, तो हर्षा और अरविन्द दोनों ने एक-दूसरे की भावनाओं की कद्र करने की बात कही। अरविन्द नौकरीपेशा पत्नी के साथ घरेलू कार्यों में हाथ बंटाने के पक्षधर हैं। उनके अनुसार इसके लिए लड़के की मां को लड़के को प्रोत्साहन देना चाहिए। वह बताते हैं, ''मैं शुरू-शुरू में हर्षा के साथ काम कराने में झिझकता था, क्योंकि मम्मी के साथ तो कभी काम किया नहीं था। जरूरत भी नहीं पड़ी थी, लेकिन मेरी मां ने प्रोत्साहित करके मेरी झिझक दूर कर दी।''

हर्षा ने अपने विचार देते हुए कहा, ''हम आधुनिक तभी कहला सकते हैं, जब अपनी मानसिकता को बदलें। आधुनिक कहलाए जाने वाले इस समाज में आज भी बहुत कुछ ऐसा हो रहा है, जो हमारे पिछड़ेपन का ही द्योतक है। उदाहरणतः पहले लोग लड़के की चाह में लगातार संतान पैदा कर रहे थे, आज हम आधुनिक हो गए हैं, इसलिए संतान के जन्म से पूर्व उसका लिंग देखकर भ्रूण हत्या करवा देते हैं। क्या यह आधुनिकता है? पहले खुलकर दहेज मांगते थे, आज इशारों में मांगा जा रहा है। यदि हम वास्तव में आधुनिक होना चाहते हैं, तो सर्वप्रथम हमें सामाजिक विसंगतियों का बहिष्कार करना होगा।

● ● ●

अन्त में....

हम आशा करते हैं कि प्रस्तुत पुस्तक में आपकी आधुनिक जीवन जीने की कला सम्बन्धी सम्पूर्ण जिज्ञासाओं का समाधान हो गया होगा। इस प्रकार की अपनी अन्य जिज्ञासाओं के समाधान हेतु आप हमारे यहाँ से प्रकाशित कोई दूसरी पुस्तक लेकर अपने ज्ञान में वृद्धि कर सकते हैं।